LA CIUDAD OCULTA

HÉCTOR DE MAULEÓN

500 AÑOS DE HISTORIAS

1

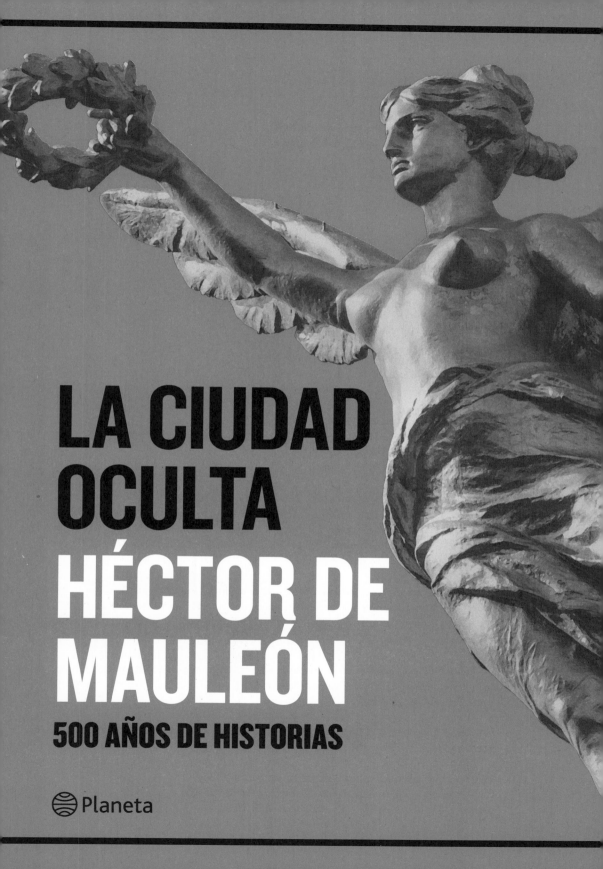

LA CIUDAD OCULTA

HÉCTOR DE MAULEÓN

500 AÑOS DE HISTORIAS

Planeta

Diseño de portada: Diana Urbano Gastélum
Fotografía de portada: © iStock
Ilustraciones de interiores: Diego Martínez
Diseño de interiores: Diana Urbano Gastélum
Cuidado editorial: María José Cortés Contreras

© 2018, Héctor de Mauleón

Derechos reservados

© 2018, Editorial Planeta Mexicana, S.A. de C.V.
Bajo el sello editorial PLANETA M.R.
Avenida Presidente Masarik núm. 111, Piso 2
Colonia Polanco V Sección
Delegación Miguel Hidalgo
C.P. 11560, Ciudad de México
www.planetadelibros.com.mx

Primera edición en formato epub: octubre de 2018
ISBN Obra completa: 978-607-07-5199-8
ISBN Volumen 1: 978-607-07-5200-1

Primera edición impresa en México: octubre de 2018
Tercera reimpresión en México: enero de 2019
ISBN Obra completa: 978-607-07-5197-4
ISBN Volumen 1: 978-607-07-5203-2

Fotografías de interiores: páginas 19, 30-31, 48-49, 54, 82-83, 94-95, 116-117, 154-155, 178, 211, 214-215, 222, 248, 260-261, 270-271, de la Colección Villasana-Torres; páginas 82-83 de American Geographical Society Library, University of Wisconsin-Milwaukee Libraries; páginas 192-193 de UNT Libraries Rare Book and Collections; páginas 164-165 de Procesofoto; página 249 cortesía del autor.

Impreso en los talleres de Litográfica Ingramex, S.A. de C.V.
Centeno núm. 162-1, colonia Granjas Esmeralda, Ciudad de México
Impreso y hecho en México — *Printed and made in Mexico*

«Ciudad puñado de alcantarillas, ciudad cristal de vahos y escarcha mineral, ciudad presencia de todos nuestros olvidos, ciudad de acantilados carnívoros, ciudad de dolor inmóvil, ciudad de la brevedad inmensa, ciudad del sol detenido, ciudad de calcinaciones largas, ciudad a fuego lento, ciudad con el agua al cuello, ciudad del letargo pícaro, ciudad de los nervios negros, ciudad de los tres ombligos, ciudad de la risa gualda, ciudad del hedor torcido, ciudad rígida entre el aire y los gusanos, ciudad vieja en las luces, vieja ciudad en su cuna de aves agoreras, ciudad nueva junto al polvo esculpido, ciudad a la vera del cielo gigante, ciudad de barnices oscuros y pedrería, ciudad bajo el lodo esplendente, ciudad de víscera y cuerdas, ciudad de la derrota violada [...] ciudad del tianguis sumiso, carne de tinaja, ciudad reflexión de la furia, ciudad del fracaso ansiado, ciudad en tempestad de cúpulas, ciudad abrevadero de las fauces rígidas del hermano empapado de sed y costras, ciudad tejida en la amnesia, resurrección de infancias, encarnación de pluma, ciudad perra, ciudad famélica, suntuosa villa, ciudad lepra y cólera, hundida ciudad. Tuna incandescente.

Águila sin alas. Serpiente de estrellas. Aquí nos tocó. Qué le vamos a hacer.»

CARLOS FUENTES, en *La región más transparente*

ÍNDICE

GRANDES TRANSFORMACIONES

MUERTE EN LA CIUDAD

LA SORPRESA DE LO COTIDIANO

CARLOS DE SIGÜENZA Y GÓNGORA

Incendio

EL ACTA MÁS ANTIGUA

GUÍA DE LAS ACTAS DEL CABILDO

Plaza Mayor

1 5 2 4

SE PROHÍBE TIRAR «COSAS MORTECINAS»

«EL MOTÍN DEL HAMBRE»

PINO SUÁREZ Y CORREGIDORA

LAS LLAMAS ALCANZARON LA TESORERÍA

SALVADOR NOVO

El primer día de la ciudad

8 de junio de 1692. «Estaba en casa sobre mis libros», recordó el escritor y cosmógrafo Carlos de Sigüenza y Góngora. Se oyeron de pronto ruidos extraños en la calle. El sabio novohispano los atribuyó a uno de los frecuentes escándalos de borrachos que en aquel tiempo se habían convertido en rasgo característico de la metrópoli. Un criado que irrumpió en su estudio violentamente, y casi ahogado, le informó lo que en realidad ocurría: acababa de estallar un tumulto en la Ciudad de México.

Sigüenza abrió las vidrieras de su estudio y vio correr «infinita gente» hacia la Plaza Mayor. En una relación sobre «el alboroto» que luego dirigió a su amigo Andrés de Pez, Sigüenza relató que salió a la calle a medio vestir y en un instante llegó a la esquina de Providencia —hoy, Pino Suárez y Corregidora—. Vio cómo la gente del pueblo —indios, mestizos, negros y mulatos, al igual que el resto de las castas: chinos, lobos, zarambullos, etcétera— apedreaban sin misericordia el palacio virreinal. Más de diez mil personas, escribió, levantaban «un alarido tan uniformemente desentonado y horroroso que causaba espanto».

Se había desatado «el Motín del Hambre». La falta de maíz y de trigo, y la voracidad de los comerciantes españoles, había llevado la locura a la ciudad.

Recatado en algún lugar de la plaza, Sigüenza vio que la multitud prendía fuego a las puertas del palacio. En pocos minutos, un incendio vehemente abrasó las salas de acuerdo, las escribanías de cámara, los almacenes de bulas y de papel sellado. Las llamas alcanzaron la tesorería, la contaduría de tributos, la cancillería, el tribunal de bienes de difuntos, el almacén de azogues y la escribanía de minas.

«No hubo puerta ni ventana baja en la que no hubiese fuego», escribió el atónito Sigüenza.

Al incendio del palacio se sumó el saqueo de los cajones de comercio, desparramados a lo largo de la plaza. Atraídos por las sedas, los marfiles, las porcelanas que se exhibían en los cajones, los amotinados se olvidaron del palacio. Esto permitió que Sigüenza se acercara con algunos soldados. Con ayuda de hachas y barretas, cortando vigas y apalancando puertas, se metió entre el humo y las llamas y evitó que el fuego extinguiera lo más valioso que había en el palacio: el archivo histórico, los papeles con los que comienza la memoria de esta ciudad.

Miles de documentos se perdieron en el incendio. Se consumieron totalmente, por ejemplo, los libros que contenían las actas del Cabildo de 1630 a 1635. Decisivas, porque corresponden a los años en que la Ciudad de México tuvo que ser reconstruida por completo después de la fatídica inundación del día de San Mateo de 1629.

Sigüenza logró salvar, sin embargo, los papeles más antiguos. En uno de los libros de actas, con letra elegante y garigoleada, dejó este apunte:

> Don Carlos de Sigüenza y Góngora, cosmógrafo de Su Majestad, catedrático jubilado de matemáticas y capellán del Hospicio del Real Amor de Dios de este ciudad […] libró este libro y los que siguen del fuego en que perecieron los archivos de esta ciudad la noche del 8 de junio de 1692, en que por falta de bastimento se amotinó la plebe y quemó el Palacio Real y Casas del Cabildo.

Cada semana, los miembros del Cabildo discutían los principales problemas urbanos y elaboraban un acta en la que quedaba el registro de sus decisiones. El acta más antigua está fechada el 8 de marzo de 1524. Oficialmente, aquel es el primer día de la ciudad, o por lo menos, el primero del que existe memoria.

Ese día, los integrantes del Cabildo donaron un grupo de solares a seis personas que acababan de ser admitidas como vecinos: Cristóbal Fernández, Antón de Arriaga, Antonio Marmolejo, Ysidro Moreno, Alonso Ximénez de

Herrera y Diego de Coria. Estos personajes son los primeros habitantes de que existe registro puntual en la metrópoli.

Aquel día se donó también, al conquistador Hernando Martín, «un pedazo de tierra para una huerta» y se nombró regidor de la ciudad a un primo de Hernán Cortés: Rodrigo de Paz, quien luego moriría trágicamente torturado a manos de funcionarios que le quemaron los pies para que revelara dónde estaba escondido el supuesto tesoro del conquistador.

Hacia 1970, por consejo del cronista Salvador Novo, se publicó una *Guía de las actas del Cabildo* correspondientes al siglo XVI. Recorrer sus páginas es como viajar en el tiempo, retroceder cinco siglos y sorprenderse con las preocupaciones y necesidades que acompañaron el proceso de formación de la ciudad. Tenochtitlan había caído hacía cerca de tres años. Los viejos templos eran demolidos. La nueva metrópoli era un conjunto de escombros y de nuevos edificios con aspecto de fortaleza. La traza que Alonso García Bravo había diseñado apenas empezaba a tomar forma.

1524

8 de abril de 1524. Se ordena a los vecinos que «guarden las bestias bajo pena de seis pesos, tomando en cuenta que los animales sueltos hacen daño a los campos cultivados».

29 de abril de 1524. Se concede un plazo de diez días para limitar las propiedades y colocar puertas hacia la calle, bajo pena de un marco de oro.

26 de mayo de 1524. Dada la escasez de población española en la ciudad, y ante el temor de que los indios se levanten en armas, «se prohíbe a los vecinos abandonarla para ir a sus pueblos de encomienda, so pena de perder dichas encomiendas».

15 de julio de 1524. Se concede licencia al carcelero de la ciudad para que pueda pedir limosna para los pobres de la cárcel todos los viernes y domingos. Con las limosnas que recaude deberá comprar una imagen de Nuestra Señora y una lámpara, para ponerla delante de ella.

26 de agosto de 1524. Se determinan multas y castigos para las personas a quienes se les descubran pesas y medidas falsas. La primera vez deberán pagar medio marco de oro; la segunda, un marco de oro. A la tercera habrán de recibir cien azotes.

9 de septiembre de 1524. Se donan varias huertas en la calzada de Tacuba a una serie de vecinos.

4 de noviembre de 1524. Se da de plazo hasta Navidad para cercar los solares que están en la Plaza de Armas. «Si no se cumple, se darán los dichos solares a otras personas».

1525

13 de enero de 1525. Se ordena al licenciado Suazo y a Gonzalo de Salazar «que se ocupen del agua que debe llegar a la ciudad, y de la alcantarilla». Se nombra barbero y cirujano de la ciudad a Francisco de Soto —con un sueldo de cincuenta pesos al año.

1° de febrero de 1525. Se prohíbe a los vecinos jugar a los naipes o los dados.

10 de febrero de 1525. Se determina que «si no aparece el dueño de un esclavo, se hagan tres pregones, uno cada tres días, diciendo las características del mismo». Si el dueño no aparece, el esclavo «se dará a alguien durante un año, al cabo del cual se convertirá en mostrenco».

25 de mayo de 1525. Se prohíbe a los habitantes de la Ciudad de México llevar armas. Solo estará permitido portar espada y puñal, y si se va a caballo, lanza. El castigo será la pérdida de las mismas.

14 de julio de 1525. Se prohíbe a los sastres ejercer el oficio sin haber sido examinados por Francisco de Olmos y Juan del Castillo.

1526

9 de enero de 1526. Se prohíbe que «indios o esclavos lleven vino, ropa u otra cosa sin licencia del gobernador, so pena de perder lo que lleven y dos pesos de oro». Ese mismo día se fijan las tarifas de los mesones, que deberán mantenerse a la vista del público bajo pena de veinte pesos de oro —a la tercera falta, cien azotes.

27 de febrero de 1526. Se concede un plazo de tres días para «sacar a los puercos y al ganado de los maizales, bajo pena de muerte de los animales y dos tomines de oro por cada animal encontrado». Se ordena también vender el aceite y el vinagre por medida y «no a ojo».

6 de abril de 1526. Prohibición de tener muladares o basura a las puertas de las casas, so pena de un peso de oro.

27 de abril de 1526. Se fija un salario anual de cien pesos oro al albañil Juan Rodríguez, a quien se encarga evitar que se formen charcos y lagunajes en las calles de México.

18 de septiembre de 1526. Se prohíbe tirar «cosas mortecinas» a la calle, so pena de tres pesos de oro. En caso de que la autoridad no logre averiguar quién lo hizo, se penarán las cuatro casas más cercanas al sitio en donde apareció el cadáver.

1527

15 de febrero de 1527. Prohibición de correr o arremeter caballos o mulas en el tianguis de Tlatelolco, entre los indios, so pena de diez pesos de oro.

16 de marzo de 1527. El primer barrendero de la urbe es Blasco Hernández. Se le encarga mantener limpias las calles.

3 de abril de 1527. Se ordena enterrar a los indios que mueran y se prohíbe, bajo una pena de diez pesos, lanzarlos a la laguna o a la calle.

14 de junio de 1527. Se prohíbe a los negros ausentarse de sus amos, bajo pena de muerte, y se les prohíbe salir de noche y llevar armas, so pena de cien azotes. Se les impide también tener esclavos o gallinas y «comprar cualquier cosa que venga de España».

21 de junio de 1527. Se prohíbe a los oficiales de la ciudad jugar bolos o pelota en días hábiles (a la tercera falta serán desterrados).

Sigüenza murió «de una molesta enfermedad» en una celda del Colegio Máximo de San Pedro y San Pablo, ocho años después del motín, el 22 de agosto de 1700.

En memoria de la noche en que el sabio novohispano evitó que la memoria de la urbe se perdiera, el Archivo Histórico de la Ciudad de México lleva su nombre.

Salvador Novo escribió en un poema de amor, «Florido laude»:

> *Lo menos que yo puedo*
> *para darte las gracias porque existes*
> *es conocer tu nombre y repetirlo.*

Exactamente, señor Sigüenza.

15

YA NADIE DICE
«BOTICA»,
MUCHO MENOS
«DROGUERÍA»

FARMACIA
PARÍS

NOSARCO

Similares

LA CALLE DE LAS BOTICAS

A 5 de Febrero le ha tocado funcionar como la calle de las boticas

1 5 3 6

HOSPITAL DE JESÚS

LOS
BOTICARIOS DE
AQUEL TIEMPO
DEBÍAN SER
CRISTIANOS

CENTRAL
MÉDICA

LA PRIMERA
AUTOPSIA DEL
CONTINENTE

LA HOMEOPATÍA ERA CONSIDERADA
LA OCTAVA MARAVILLA DEL MUNDO

La calle de las boticas

Victoria es la calle de las lámparas; Chile, la calle de las novias. En Bolívar es posible hallar un catálogo completo de sastrerías. En Madero se concentran, desde el lejano siglo XVI, negocios dedicados a la joyería.

Como un eco de la antigua ciudad gremial, a la extensa 5 de Febrero le ha tocado funcionar como la calle de las boticas. Medicamentos, prótesis, pomadas, polvos, aceites, emulsiones: todo se agrupa en mostradores y vitrinas. Los escaparates hablan: Farmacia París, Central Médica, Gom, Nosarco, Similares. La calle 5 de Febrero es el oasis de la salud, el consuelo de la enfermedad.

Se afirma que esta calle se convirtió en el botiquín de primeros auxilios de la ciudad desde que Ignacio Merino fundó, en 1944, la célebre Farmacia París. La tradición medicinal de la calle viene, sin embargo, de mucho tiempo atrás: debe este carácter a su cercanía con el Hospital de Jesús, situado a una calle de distancia y fundado tres años después de la Conquista, en 1524, por Hernán Cortés.

La tradición afirma que el hospital se abrió en el mismo sitio en que Cortés y Moctezuma se vieron por primera vez. A la caída de Tenochtitlan, el conquistador habría elegido el punto donde se dio el primer contacto para asentar una institución hospitalaria que pudiera atender «a todos los españoles enfermos de calentura».

En 1536, el médico andaluz Cristóbal Méndez vio realizar en el Hospital de Jesús la primera autopsia del continente: «Yo vide en México abrir un niño y le sacaron una piedra casi tamaña con un huevo», escribió.

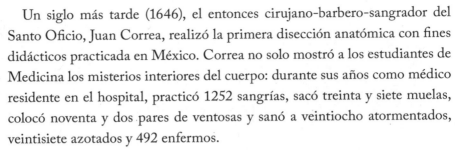

Un siglo más tarde (1646), el entonces cirujano-barbero-sangrador del Santo Oficio, Juan Correa, realizó la primera disección anatómica con fines didácticos practicada en México. Correa no solo mostró a los estudiantes de Medicina los misterios interiores del cuerpo: durante sus años como médico residente en el hospital, practicó 1252 sangrías, sacó treinta y siete muelas, colocó noventa y dos pares de ventosas y sanó a veintiocho atormentados, veintisiete azotados y 492 enfermos.

De manera natural, en las proximidades de una casa de salud tan activa se abrieron varios establecimientos destinados a preparar los emplastos, los polvos y las pócimas que los enfermos requerían.

De aquellas arcaicas boticas no existe memoria. La más antigua de que se tiene registro fue instalada en el último tercio del siglo XVIII, cuando 5 de Febrero recibía el nombre de calle de la Monterilla.

Los boticarios de aquel tiempo debían ser cristianos viejos, saber latín, tener más de veinticinco años de edad y haber pasado cuatro años de su vida haciendo prácticas en alguna botica. Todavía a finales del XVIII basaban sus preparaciones en un grueso libraco de farmacéutica y herbolaria que Juan Badiano tradujo al español en 1552. Es posible imaginar el aspecto de aquellas rancias boticas novohispanas: un mostrador daba a la calle, dedicado a la atención de los clientes, dentro había un obrador trasero, la rebotica poblada de calderos y alambiques, en donde el boticario preparaba oscuras y olorosas fórmulas magistrales.

En la actual 5 de Febrero se albergaron también las primeras farmacias homeopáticas que hubo en la ciudad: la más antigua —Monterilla 3— fue inaugurada en 1870, bajo la dirección del médico Manuel Legorreta; la segunda, Farmacia Central Homeopática, propiedad de Ignacio Fernández de Lara, abrió sus puertas en 1890, en un tiempo en el que la homeopatía era considerada la octava maravilla del mundo: Fernández de Lara fue médico de cabecera de Porfirio Díaz y años más adelante del presidente Francisco I. Madero.

No se usan ya las sangrías, pasaron de moda las ventosas, con la extinción del virreinato, la gente dejó de ser azotada en las plazas públicas. Ya nadie dice «botica», mucho menos «droguería». Pero las ciudades suelen ser fieles a sí mismas. Con sus diversas farmacias, descendientes de boticas y reboticas, de obrajes y droguerías, 5 de Febrero sigue siendo el alivio de los enfermos, la calle en la que se piensa a la hora del resfriado, el dolor y la enfermedad.

Aspecto del interior de una tradicional botica en los años veinte. Con el paso del tiempo estas imágenes de la vida cotidiana se han convertido en un testimonio histórico que nos permite conocer las diversas transformaciones que han vivido estos establecimientos comerciales y cómo era la sociedad de otros tiempos.

CAMINAR POR EL PORTAL DE MERCADERES

BOLEROS, ORGANILLEROS, VOCEADORES DE PERIÓDICOS Y VENDEDORES DE LOTERÍA

«El Teatro de los pobres»

24 ARCOS DE CANTERA LABRADA

Los portales fueron el sitio favorito de reunión en la ciudad

1 6 8 2

ACOSTUMBRAMOS A OLVIDARLO TODO

TODO UN EJÉRCITO DE COMERCIANTES SE FUE APOSTANDO ENTRE LOS ARCOS

EL PORTAL ERA UNA VENTANA AL OTRO LADO DEL MUNDO

LOS VECINOS SE VOLCABAN EN AQUEL PASAJE

EL BESTIARIO MÁS EXTENSO DE LA FAUNA METROPOLITANA

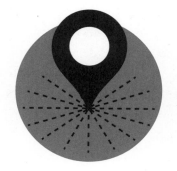

Los portales: la sala de estar de la ciudad

C uando los periodistas del siglo XIX sufrían para encontrar un tema para el artículo del día, el escritor Manuel Payno les recomendaba tomar el sombrero, la libreta, y caminar por el Portal de Mercaderes. Aquel portal era el sitio al que acudían los habitantes de la Ciudad de México para ponerse al día en cualquier materia. Incendios, crímenes, epidemias, levantamientos, modas, defunciones, hazañas taurinas y barcos perdidos en la niebla.

El portal se ha convertido en nuestro tiempo en un simple lugar de paso. Una sucesión de joyerías, cafeterías, tiendas de pieles y sombrererías —ahí radica la más antigua de la ciudad—, en la que es difícil enterarse de algo, salvo de los precios. Un pasaje que la gente atraviesa con urgencia, entre boleros, organilleros, voceadores de periódicos y vendedores de lotería.

Durante siglos, sin embargo, los portales fueron el sitio favorito de reunión en la ciudad, el único espacio con sombra que había en la Plaza de Armas.

Acostumbramos olvidarlo todo. El Portal de Mercaderes, con sus veinticuatro arcos de cantera labrada, posee la misma edad que esta ciudad: fue una de las primeras construcciones que los conquistadores levantaron en el Centro.

En 1524, cuando no iniciaba siquiera la construcción de la Catedral, el gobierno de la ciudad se condolió de los mercaderes que despachaban en la plaza, sin abrigo alguno, expuestos al sol, a la lluvia, a las inclemencias del tiempo. El Ayuntamiento ordenó entonces que los vecinos de las casas fronteras al palacio virreinal levantaran «unos soportales» en donde los comerciantes hallaran refugio y cobijo.

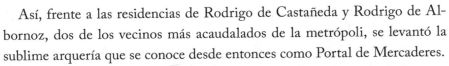

Así, frente a las residencias de Rodrigo de Castañeda y Rodrigo de Albornoz, dos de los vecinos más acaudalados de la metrópoli, se levantó la sublime arquería que se conoce desde entonces como Portal de Mercaderes.

En pocos años, todo un ejército de comerciantes se fue apostando entre los arcos. En la parte baja de las casas de Castañeda y Albornoz se abrieron una serie de puertecillas que albergaron negocios de sedas y de ropa, debidamente establecidos.

Frente a estas, del lado más cercano a la calle, se instaló una multitud de puestos semifijos, en los que se vendían dulces, frutas, juguetes y comida.

En aquella remota ciudad del Nuevo Mundo, el portal era una ventana al otro lado del mundo, un escaparate abierto a las novedades: ahí se vendió, por ejemplo, a fines del siglo XVI, el primer par de lentes que hubo en la Ciudad de México. Allí se establecieron, también, algunos de los cajones de libros más célebres de la Nueva España.

La profusión de objetos hermosos y extraños, el espectáculo de la sociedad novohispana desfilando entre los puestos y cajones, hicieron del portal uno de los puntos más atractivos de la metrópoli. Según José María Marroqui, los elegantes arcos se convertían diariamente en un hormiguero humano, «hasta el punto de verse detenidas las personas, no poco tiempo, sin poder dar un paso».

Los vecinos se volcaban en aquel pasaje desde las once de la mañana hasta la hora de la comida, para mirar los productos recién traídos por las «naos»; volvían a derramarse poco antes del anochecer, revoloteando alrededor de las mesillas de dulces y las «alacenas de frioleras» iluminadas por lámparas.

Los habitantes de México pasaban tanto tiempo en los portales que en 1682, molesto porque la gente prefería estar en ellos en vez de acudir a los templos, el arzobispo José de Lezamis «resolvió poner un dique al torrente de corrupción que inundaba las costumbres públicas» y se fue a predicar allí, trepado sobre un banco.

Mitad mercado, mitad sala de estar de la ciudad, el Portal de Mercaderes constituía el bestiario más extenso de la fauna metropolitana. Aglomeraba escribientes, agentes de negocios, militares en retiro, corredores sin título, empleadillos, jubilados, mendigos, poetas, periodistas, políticos desempleados, «payos que venían a la capital» y jóvenes galanes que rondaban las alacenas con ánimo «de ver pasar y requebrar a las damas».

A fines del siglo XIX, sin embargo, la aristocracia porfiriana llamó al Portal de Mercaderes «el Teatro de los Pobres». Las nuevas «naos» desembarcaban ahora sus productos en los grandes almacenes: el Centro Mercantil, El Palacio de Hierro, El Puerto de Veracruz. Los grandes rotativos, *El Imparcial* a la cabeza, circulaban a ocho columnas las noticias que anteriormente solo podían conocerse en los portales.

La sala de estar de la urbe perdió su carácter ancestral.

Se convirtió, inopinadamente, en un lugar de paso.

HA VIAJADO A ESPAÑA PARA ATAJAR LAS INTRIGAS PALACIEGAS

El juicio parece no tener fin

ACUSAN A CORTÉS DE HABER MATADO A SU ESPOSA

UN ESCRIBIENTE ANOTA HASTA LOS PUNTOS Y COMAS

Moreno todavía puede citar de memoria aquellas «ciertas palabras»

1 5 2 9

MÁS DE CUARENTA INDIAS CON LAS QUE SE ECHABA CARNALMENTE

«VIDO QUE TENÍA LOS OJOS ABIERTOS E TIESOS E SALIDOS DE FUERA»

LO PERSEGUIRÁ POR SIEMPRE

ACUSAN AL CONQUISTADOR DE TENER INFINITAS MUJERES EN SU CASA

MUERE, ENFERMO Y ACABADO

La amortajada

Cortés. El principio de su desgracia lo marca una cédula real firmada en Toledo en 1525. El rey de España ha escuchado demasiadas cosas. Sobre la matanza de indios en Cholula y en el Templo Mayor de Tenochtitlan. Sobre las constantes desobediencias de su vasallo y sus aparentes intenciones de «levantarse con la tierra». Sobre su afición al juego y sobre el oro que existe, se dice que en cantidades fabulosas, en sus misteriosas arcas. Sobre el palacio erizado de torres que se ha mandado construir frente a la Plaza Mayor de la Ciudad de México, y sobre su frenética inclinación a «echarse con todas las mujeres que hay en su casa aunque fuesen hermanas o madre e hija».

Carlos V ordena al fin que el conquistador sea llevado a un juicio de residencia, el proceso que revisa la actuación de los funcionarios al servicio del rey en la Corona.

Como es costumbre, la cédula real pasa de mano en mano por complicados laberintos burocráticos. No es sino hasta cuatro años después, en los primeros meses de 1529, que el juicio de residencia se pone en marcha. Cortés no está presente para defenderse: ha viajado a España para atajar las intrigas palaciegas, hechas de mentira y verdad, que desde que salió de Cuba se han tejido en su contra.

Quienes toman parte en el proceso, jueces y testigos, son enemigos suyos. En especial, el presidente del jurado, Nuño de Guzmán, enviado a Nueva España para contrarrestar el inmenso poder que Cortés ha acumulado —tres siglos más tarde, Vicente Riva Palacio se referirá a Guzmán como el hombre más perverso y sanguinario de cuantos pisaron estas tierras.

Toda suerte de acusaciones, incluso las más delirantes, son concentradas en el expediente. El 25 de enero, el testigo Juan de Burgos acusa a Cortés de haber matado a su propia esposa, doña Catalina Xuárez Marcaida.

«La Marcaida», como se le conoció en México, había fallecido una noche, siete años antes, poco después de irse a acostar. La criada que amortajó el cadáver le contó a Burgos que el cuerpo de doña Catalina presentaba en la garganta unos cardenales negros, «en señal de que este traidor [...] la ahogó con cordeles». La criada le dijo también que bajo la cama «donde la dicha Catalina Xuárez estaba toda descabellada, como que había andado poniendo fuerza a quien la ahogó», aparecieron derramadas las cuentas de azabache de una gargantilla que su patrona había lucido aquella noche en una fiesta.

Una declaración como la de Burgos es justo lo que Nuño de Guzmán vino a buscar a la Nueva España: es todo lo que necesita para hundir a Cortés ante el rey.

De Guzmán ordena que se abra sin demora un nuevo proceso, un juicio paralelo que determine si la Marcaida murió o no por estrangulamiento.

A unos días del inicio del segundo juicio, la madre de doña Catalina y su compungido hermano, Juan Xuárez, comparecen ante el tribunal. No dudan en acusar a Cortés de que «estando con ella en una cámara donde dormían, la maniató [y] sin poder llamar a nadie que la socorriese [...] le echó unas azalejas a la garganta y la apretó hasta que la ahogó».

Juan Xuárez afirma que minutos después de matar a su hermana, Cortés «le hizo rebozar la cara y el pescuezo», y que una vez amortajada la metió «en un ataúd clavado, para que no se pudiese ver ni saber de qué había muerto».

Un escribiente anota hasta los puntos y comas de cada declaración. Gracias a aquel anónimo funcionario oímos hablar, casi cinco siglos después, a quienes comparecieron en el proceso.

Una antigua criada de Cortés, Ana Rodríguez, refiere que la noche en que se dieron los hechos, 1° de noviembre de 1522, había «ciertas fiestas» en la casa de Coyoacán donde vivían entonces Cortés y la Marcaida. Los invitados a las fiestas comieron, bebieron, danzaron. Doña Catalina se mostró «alegre y regocijada»: parecía completamente «sana y sin enfermedad».

Cuando terminó el convivio, doña Catalina se metió a rezar a un oratorio. Rodríguez la encontró poco después y «la vido demudada y sin color». La Marcaida le dijo que ojalá «la llevase Dios de este mundo».

«Era celosa de su marido e por eso tenía algún descontento», declara Rodríguez ante los jueces.

Al avanzar la noche, la criada fue llamada con urgencia al aposento de los señores. Cortés le dijo que encendiera una lumbre. «Creo que está muerta mi mujer», le oyó decir.

Al prender la bujía vio la cama orinada y a doña Catalina con unos cardenales negros en la garganta. Le preguntó al capitán qué significaba aquello y este contestó que la había asido de allí «para la recordar cuando se amorteció» [para hacerla volver en sí].

«Doña Catalina varias veces se solía amortecer», apunta la sirvienta.

José Luis Martínez, que en una abultada colección de documentos cortesianos halló todo un cuerpo de papeles relacionado con el juicio, describe el proceso como «un pintoresco chismorreo de criadas». El 10 de marzo, el testigo Isidro Moreno sostiene que todo se desencadenó a resultas de «ciertas palabras que allí pasaron por parte del dicho don Fernando a la dicha su mujer».

Según Moreno, tras esas palabras, doña Catalina se retiró a su recámara «como llorando», «algo corrida», mientras Cortés departía un rato más con sus invitados —«caballeros e dueñas» entre los que se encontraban Diego de Soto y Cristóbal de Olid.

A pesar de los años transcurridos, Isidro Moreno todavía puede citar de memoria aquellas «ciertas palabras»: le cuenta a los jueces que doña Catalina se quejó porque en su casa «no se face lo que yo quiero» y prometió tomar medidas inmediatas para «que no tenga nadie que entender con lo mío».

Groseramente, Cortés le replicó: «¿Con lo vuestro, señora? Yo no quiero nada de lo vuestro».

Moreno afirma en su relato que las invitadas rompieron a reír. La Marcaida se mostró avergonzada «e entró corrida» a su recámara.

La testigo María Hernández, que había tenido «mucha conversación y amistad» con doña Catalina, es llamada también a declarar.

No duda en contar escabrosos pormenores sobre la mala vida que Cortés daba a su esposa. Refiere, por ejemplo, que el capitán «la echaba muchas veces de la cama […] e le facía otras cosas de maltratamiento».

Hernández dice que la Marcaida le advirtió en una ocasión: «¡Ay, señora, algún día me habéis de fallar muerta a la mañana!».

La noche en que doña Catalina murió, la testigo apartó por un instante el rebozo con el que la habían amortajado: «Vido que tenía los ojos abiertos e tiesos e salidos de fuera», y «la vido como persona que está hogada e tenía los labios gruesos e tenía asimismo dos espumarajos en la boca, uno de cada lado, e una gota de sangre en la toca […] e un rasguño entre la frente».

Hernández juzgó, en fin, que la Marcaida «no era muerta de su muerte» y que Cortés la había asesinado «por casar con otra mujer de más estado».

El juicio paralelo se extiende por varios meses. Los testigos acusan al conquistador de tener infinitas mujeres dentro de su casa, «unas de la tierra y otras de Castilla», y relatan que entre criados y servidores se solía llevar la cuenta de aquellas con las que el patrón «había tenido acceso».

Las deposiciones van creando la impresión de que la Marcaida era un estorbo para Cortés.

El capitán extremeño la había rondado desde que la vio por primera vez en Cuba. Torquemada describe a doña Catalina como hermosa y de buen talle. Algo sucedió más tarde: a pesar de haberla cortejado asiduamente, en el momento decisivo, Cortés se rehusó a casarse con ella. Un amigo de la familia Xuárez, el gobernador de la isla Diego Velázquez, amenazó con llevar a Cortés a la horca si este persistía en su negativa. Así que el novio asistió a su boda a regañadientes.

Más tarde dijo que su esposa parecía la hija de una duquesa, «por honesta y recogida». Si la frase se mira bajo la luz de lo que sucedió después, puede que no se haya tratado de un elogio.

El matrimonio le permitió al futuro conquistador de México obtener una encomienda, el puesto de alcalde, y finalmente el nombramiento de capitán general de la expedición que lo llevaría a la fama.

En cuanto pisó el barco, se olvidó de la Marcaida. Solo le escribió una vez y solo una vez le envió un regalo. Juan de Burgos revela en el juicio las causas de aquel olvido: el capitán tenía en su casa «más de cuarenta indias con las que se echaba carnalmente».

Los meses transcurren, las declaraciones se acumulan y el juicio parece no tener fin. Cortés envía a sus abogados desde España, presenta varios «descargos», y un interrogatorio de más de cuatrocientas preguntas dirigidas a sus acusadores. No se le llega a probar nada. El proceso queda estancado.

Pero la sombra de la esposa amortajada lo perseguirá por siempre. Pesará sobre él durante los veintiocho años que le quedan de vida. Los conquistadores y los hijos de los conquistadores repetirán la historia revelada por Juan de Burgos en las noches inimaginables de la Nueva España.

En el invierno de 1547, Hernán Cortés muere, enfermo y acabado, en Castilleja de la Cuesta. Se ha vuelto célebre el ir y venir de sus huesos, mordidos probablemente por la sífilis. Unos años en la cripta del duque de Medina Sidonia, otros en el altar de Santa Catalina en el templo de San Isidoro del Campo, allá en España, y otros más de este lado del mar, en la iglesia del pueblo de Texcoco, donde reposan los despojos mortales de su madre y de una de sus hijas.

En 1629, las autoridades civiles y eclesiásticas deciden inhumar en el altar mayor del templo de San Francisco, el más suntuoso de la Ciudad de México, la osamenta de don Hernando. Han pasado ciento siete años desde la fiesta de Coyoacán. La ceremonia es encabezada por el virrey Rodrigo Pacheco y Osorio, marqués de Cerralvo. Las familias más nobles hacen acto de presencia.

Ese día, la sombra de la Marcaida vuelve a alcanzar a su marido. Vuelve a alcanzarlo cuando los restos de Cortés son depositados en el mismo templo en el que, según las crónicas, yacen perdidos los de ella.

78 COYOACAN

Los inconfundibles arcos del Jardín Centenario, en el centro de Coyoacán, en una postal cercana a 1920. Antiguamente, este era el acceso al atrio del templo de San Juan Bautista; más tarde la estructura fue restaurada y aún existe.

TODAVÍA RECORRE LA MALINCHE EL MUNDO EN QUE HABITÓ

UN ESPECTRO QUE DEAMBULA POR LOS PASILLOS

Todo es sombra y conjetura

UN FANTASMA ILUSTRE EN EL CORAZÓN DEL CENTRO

La Malinche y su marido, Juan Xaramillo

1 5 2 8

LA MALINCHE FUE APUÑALADA EN ESTE SITIO

EL JUICIO DE RESIDENCIA CONTRA HERNÁN CORTÉS

EL FRÍO DE LAS CONSTRUCCIONES RANCIAS

EL DÍA EN QUE CORTÉS Y MOCTEZUMA SE VIERON LAS CARAS POR PRIMERA VEZ

TODO PARECE FANTASMAL EN ESTE PALACIO

Un fantasma en el Centro Histórico

Todavía recorre la Malinche el mundo que habitó. Eso dicen los alumnos de una de las primarias más antiguas del Centro, la Miguel Serrano, en donde, desde hace muchos años, de acuerdo con la leyenda compartida por incontables generaciones, la célebre compañera de Cortés ha sido vista bajo la forma de una sombra que vaga y gime. Un espectro que deambula por los pasillos añosos y oscuros.

Si se toma en cuenta la gran cantidad de tiempo que el fantasma de doña Marina ha permanecido en el edificio —cerca de quinientos años—, resulta una desconsideración pasar por República de Cuba 95 sin entrar a saludarlo. Nada más irresistible que la oportunidad de presenciar la aparición de un fantasma ilustre en el corazón del Centro.

A un lado del pesado portón de la escuela aparece un mensaje inscrito en una placa de azulejo: «Según tradición aquí estuvo la casa de la Malinche y su marido, Juan Xaramillo. 1527».

Ángeles González Gamio suele relatar —apoyada en otro mito urbano— que aquí fue apuñalada la Malinche, en este sitio para evitar que declarara en contra de Hernán Cortés en el juicio de residencia que se siguió a este a partir de 1529.

Hoy, en los sombríos corredores de la Miguel Serrano, se siente el peso del tiempo, ese frío característico de las construcciones rancias, siempre tan llenas de cosas que no han acabado de irse. Lo sé: lo que las guías de la ciudad llaman «la casa de la Malinche» es en realidad un edificio levantado doscientos cincuenta años después de que ella entregara el alma. Nunca caminó la Malinche entre estos muros. Ni siquiera existe la certeza de que haya morado aquí alguna vez: el cronista José María Marroqui registra otro posible domicilio, varias cuadras al poniente, cerca de donde estuvo el convento de la Concepción.

La tradición se empeña, sin embargo, en atar a la Malinche a este lugar, y ahora yo no puedo sino imaginar los pasos del capitán Xaramillo en el patio, la música del agua que saltó en la fuente, la forma y los colores de las flores que habrán iluminado las macetas, la vida de lo que hoy llamamos Plaza de Santo Domingo en los primeros seis o siete años de vida de la ciudad.

Todo parece fantasmal en este palacio del siglo XVIII, al que la Revolución mexicana convirtió en primaria.

En 1932, el artista michoacano Alfredo Zalce pintó en el zaguán de la escuela tres murales, que a la postre quedaron ocultos, durante varias décadas, bajo una gruesa capa de pintura. En 1997 —sesenta y cinco años después de ser pintados—, una restauración los trajo de vuelta a la luz. Algo en aquellos murales se parece a la Malinche, la indígena vilipendiada a la que se bautizó con el nombre católico de Marina y a quien su dominio de dos lenguas, el náhuatl y el maya, convirtió en la gran piedra de Rosetta de la Conquista.

Su momento culminante como «lengua y faraute», según la llama Bernal Díaz del Castillo, ocurrió en la actual avenida Pino Suárez, el día en que Cortés y Moctezuma se vieron las caras por primera vez. Por ella pasó una de las conversaciones más relevantes de la historia humana: la del encuentro de dos mundos, el 8 de noviembre de 1519:

> —¿Acaso eres tú? ¿Es que ya tú eres? ¿Es verdad que eres tú, Motecuhzoma?
>
> —Sí, soy yo. Señor nuestro: te has fatigado, te has dado cansancio: ya a la tierra tú has llegado. Has arribado a tu ciudad: México. Aquí has venido a sentarte en tu solio, en tu trono. Oh, por tiempo breve te lo reservaron, te lo conservaron, los que ya se fueron, tus sustitutos.
>
> *Visión de los vencidos*, capítulo VIII

A la caída de México-Tenochtitlan, sin embargo, la figura de la Malinche se desdibujó hasta salir por completo del territorio de la Historia.

Conquistadores y cronistas dejaron de mencionarla. Literalmente, la Malinche se hundió en la sombra.

Silencio y mezquindad fue el pago que recibió a cambio de sus servicios: Cortés se refirió a ella por su nombre una sola vez: «Marina, la que yo siempre conmigo he traído, porque allí me la habían dado con otras veinte mujeres». Otros cronistas, Andrés de Tapia y Bernardino Vázquez, la mencionaron como «la india que llevábamos de intérprete» y no volvieron a ocuparse de ella.

Nadie tuvo el cuidado de consignar cómo era su aspecto físico. Ni siquiera hay certeza de su edad. La pintura más completa de ella, la única que queda, es la del imprescindible Bernal Díaz del Castillo, quien la describió «de buen parecer, y entremetida y desenvuelta». De hecho, de su vida antes de la llegada de los españoles solo se sabe lo que este cronista extraordinario asentó en su *Historia verdadera de la conquista de la Nueva España*: que al morir su madre fue entregada a unos indios, que a su vez la entregaron a unos comerciantes mayas.

En marzo de 1519, un cacique de Tabasco la entregó por tercera vez y ella quedó en manos de Cortés. El padre Olmedo dirigió la ceremonia que la despojó de su nombre indígena, Malintzin. El mismo día, Cortés la entregó por cuarta vez. Marina quedó al servicio —se entiende que sexual— del capitán Alonso Hernández Portocarrero.

Portocarrero vivió con la Malinche cuatro meses. En julio de 1519, Cortés lo envió de regreso a España para que le entregara a Carlos V la primera Carta de Relación. Por intrigas del obispo de Burgos, sin embargo, Portocarrero fue encarcelado. Probablemente no volvió a ver jamás la luz del día: su rastro se esfuma luego del ingreso en la prisión.

Marina se convirtió entonces en compañera de Cortés. A su lado vivió lo que sabemos: la entrada a México-Tenochtitlan, la derrota de la Noche Triste, el largo año en que el ejército conquistador y sus aliados indígenas se prepararon para el asalto a la capital del Imperio mexica, el sitio que culminó con la caída de una ciudad «orgullosa de sí misma», y hasta entonces invencible, en la que nadie, según reza el poema, temía «la muerte en la guerra».

Vino luego la fatídica expedición con la que Cortés intentó conquistar las Hibueras y en la que se extravió en la selva, con todo y ejército, durante varios meses. La expedición en la que Cortés ahorcó a Cuauhtémoc en Izancanac y en la que una noche —sin que se sepa bien por qué— casó a la Malinche con su segundo, el capitán Juan Jaramillo.

Según el cronista Francisco López de Gómara, cuando esto sucedió, Jaramillo se encontraba borracho. Para entonces, la Malinche y Cortés habían tenido un hijo: el mestizo Martín, que le fue arrebatado a su madre siendo un niño.

¿Por qué decidió Cortés deshacerse de ella? Se han escrito cientos de libros y no existen respuestas. A partir de entonces, la Malinche sale de la Historia e ingresa en la leyenda. Tras su boda con el capitán Jaramillo, tiene una segunda hija, María.

La última constancia que existe de su vida, antes de que su huella se pierda para siempre, figura en un acta del Cabildo firmada el 14 de marzo de 1528.

Aquel día «le hicieron merced a Juan Xaramillo y a doña Marina su mujer de un sitio para hacer una casa de placer y huerta y tener sus ovejas en la arboleda» —la arboleda, creen los historiadores, debió ser el bosque de Chapultepec.

A principios de 1529, al abrirse el juicio de residencia contra Cortés, el testigo Juan de Burgos se refirió a ella como «ya difunta».

La historiadora Camila Townsend ha mencionado que en los legajos de aquel juicio hay una pista mínima sobre la edad de doña Marina: un testigo declaró que los amigos de Jaramilllo solían tomarle el pelo por estar «casado con mujer maior». A partir de este dato, Townsend asegura que la Malinche no pudo ser la india joven, casi adolescente, que el mito ha fijado en el imaginario.

No hay más. De ahí en adelante todo es sombra y conjetura. La Malinche pudo haber muerto en una de las epidemias que en los años posteriores a la conquista diezmaron a la población indígena. Según el historiador Juan Miralles, de haber muerto en la Ciudad de México, la habrían inhumado en el convento de San Francisco, en donde los primeros españoles fueron sepultados.

Según el croquis del convento, el cementerio estuvo en donde hoy se extiende la calle de Gante.

Tal vez los restos de la Malinche duerman olvidados en algún tramo de esa vía.

«NADIE TUVO EL CUIDADO DE CONSIGNAR CÓMO ERA SU ASPECTO FÍSICO. NI SIQUIERA HAY CERTEZA DE SU EDAD».

JOAQUÍN PARDAVÉ

«LA CAÍDA DE LAS BELLAS»

LA ALAMEDA

HIELO DEL ZÓCALO

«Tick-Tack»

Filas inmensas

1 8 9 2

NOEMÍ

CADA ZAPOTAZO SE LEVANTA MÁS BRIOSO

WALDTEUFEL

ÁNGEL DE CAMPO

«COQUETERÍA»

Fiebre en patines

En 1892, después del saludo, la gente pronunciaba esta frase:

—¿Patina usted?

El patinaje, en esos años, arrebataba «más que la esgrima, la natación, el boxeo y el automovilismo». Uno de los cronistas mayores de aquel fin de siglo, Ángel de Campo, relata que en un salón ubicado en la calle San Juan de Letrán había filas inmensas y que la gente aguardaba durante horas, deseosa de zigzaguear en la pista, «mientras la orquesta de los hermanos Vega interpretaba los valses de Waldteufel».

No hace falta estirar demasiado la imaginación para escuchar esas notas bajo la luz de las bombillas —en 1892 sonaban la «Polka Rococó» y el vals «Coquetería»—, y vislumbrar a los bólidos porfirianos, felices en un desorden de rizos y vestidos de olanes, o de sombreros, bigotes puntiagudos y pajaritas de colores vibrantes.

El final del siglo XIX consistió, en mucho, en la pasión inusitada por las ruedas. A las ciudades llegaron automóviles, bicicletas, triciclos, velocípedos. En 1895 esa pasión por el vértigo se había instalado en una gigantesca pista de patinaje ubicada en el Tívoli del Eliseo, a un costado de la Alameda. En una crónica publicada en *El Imparcial* —ahora bajo el seudónimo de «Tick-Tack»—, narraba el prolífico Ángel de Campo:

> Uno, con las manos en los bolsillos y un palillo de dientes en la comisura de los labios, se balancea como nenúfar; otro, que usa gruesos anteojos y es caído de espaldas, con el sombrero hundido hasta los

hombros, se duerme, como los trompos, sin salir de la misma órbita; este, sudando, envarado, abriendo las piernas como compás, respirando como fuelle, parece llevar en los frívolos, no un aparato con ruedas, sino una trampa de zorra; aquel, prototipo de la precaución, de la prudencia, de la observancia de las reglas académicas, no toma impulso sin volver el rostro para asegurarse de que nadie lo sigue, y anda tres metros en una hora; el de más allá, testarudo y desdeñoso de qué dirán, a cada zapotazo se levanta más brioso mientras más duro es el golpe, y se indigna si le tienden una mano salvadora.

Medio México perdió el equilibrio en las cantinas y la otra mitad en esa pista. Fueron tantas las señoritas que cayeron al suelo en posturas impropias, que un sacerdote de apellido Larra prohibió que las mujeres patinaran en lo sucesivo y el actor Joaquín Pardavé recordó aquellos resbalones al componer —una vida después, en 1943— el divertido «Cuplé del Makakikus»:

> *Al patinar anteayer*
> *kikusmikus makakikus ekusfekus emunekus*
> *Al patinar anteayer*
> *kikusmikus makakikus ekusfekus emunekus*
> *Inés y Juan se escurrieron*
> *y dieron un resbalón*
> *y es lo peor que cayeron, ay,*
> *¡en muy mala posición!*

La fiebre se mantuvo en contra de las críticas. Según Tick-Tack, una de las discusiones favoritas de 1907 consistió en dilucidar si era pertinente que las casadas patinaran.

Desde luego, la pista fue el único sitio donde los hombres necios de los que hablaba Sor Juana, en vez de provocarla, impedían «la caída de las bellas».

Desde la barrera, las madres gritaban —sigo siempre a De Campo—:

> —¡Noemí, modera tu velocidad!
> —¡Basta ya, Lucrecia; ven que te hablo!

—¡O prescindes de que te guíe el señor del pantalón bombacho que tiene cara de ser un lagarto de este tamaño y muy encajoso, o nos vamos en el acto!

Releo esa crónica publicada en 1907 y aseguro que describe una tarde de un siglo más tarde: aquella de noviembre de 2007, en la que se inauguró la pista de hielo del Zócalo. En el fondo, nada cambia. También ahora había filas inmensas y gente que aguardaba durante horas la oportunidad de calzarse los patines. También ahora los ciudadanos sudaban y resoplaban, mientras los espectadores calificaban desde las tribunas las continuas caídas, las posturas paganas de los practicantes. En aquella pista de la primera década del siglo XXI vi lo que De Campo había visto en la primera década del siglo XX. Le cedo la palabra:

> Hay acróbatas que quieren darle lecciones a todo el mundo; hay taciturnos que parecen patinar por prescripción facultativa, serios, devotos, tiesos, con un pañuelo empapado entre cuello de camisa y piel sudorosa. Hay nervios que gastan su energía en no guardar el equilibrio, sino en apretar los dientes, pujar a cada fracaso, asirse con garra de halcones a la barandilla o al codo que pasa, y en protestar todo acercamiento que pueda mandarlos, de un envión, fuera de la cancha.

Esa misma tarde, mirando desde la tribuna, me puse unos audífonos, oí valses de Waldteufel y me pregunté cómo diantres habría sonado la orquesta de los hermanos Vega. Me emocioné tanto que estuve a punto de rendir un homenaje secreto y gritar hacia la pista:

—¡Noemí, modera tu velocidad!

Pero quién sabe entonces lo que habría ocurrido.

«EL FINAL DEL SIGLO XIX CONSISTIÓ, EN MUCHO, EN LA PASIÓN INUSITADA POR LAS RUEDAS».

«YO, LA REINA»

MUJERES HUÉRFANAS O ABANDONADAS POR SUS PADRES

Idolatrar a las ruidosas gayas

DE AHÍ LA PALABRA «RAMERA»

Se les prohibió también usar tacones altos

1 5 3 8

COSAS TAN ESENCIALES COMO LA CÁRCEL, LA HORCA Y LA CARNICERÍA

«LA CHINCHE», «LA SEDACITO», «LA VENDE BARATO» Y «LA MANTECA»

LA CORONA AUTORIZÓ EL PRIMER PROSTÍBULO DE LA CIUDAD

LOS PECADOS ANDABAN POR LO ALTO Y LAS VIRTUDES POR EL SUELO

LAS PRIMERAS CASAS DE TOLERANCIA DE LA CIUDAD

Bagazas, huilas, leperuzcas, cuscas...

En el séptimo tramo de la calle de Mesones hay una placa que recuerda el sitio donde estuvieron los primeros burdeles que hubo en la metrópoli. Dice así:

> En esta calle se establecieron en el siglo XVI las primeras casas de tolerancia de la ciudad.

Apenas se hubo destinado un sitio para cosas tan esenciales como la cárcel, la horca y la carnicería, los fundadores de la ciudad virreinal comprendieron que tarde o temprano iban a requerir de un espacio para el niño Amor y su abismo —o, para decirlo a la manera de Quevedo, para la «oh barata y alegre putería»—: un lugar en el que los hombres solos, los militares y aventureros que llegaban día con día a poblar la capital, pudieran desfogarse en «tragos, tajadas y gandaya».

En 1538, con una cédula que terminaba con la frase: «Yo, la Reina», la Corona autorizó el funcionamiento del primer prostíbulo de la ciudad. No se sabe a ciencia cierta dónde fue instalado. Lo habitaban mujeres españolas recién desembarcadas.

En 1542 se concedieron cuatro solares al final de la calle de Mesones para que allí se construyeran cuatro casas públicas de mancebía. En la entrada de estas casas, según las ordenanzas de la época, debía colocarse una rama de árbol, símbolo que desde tiempos inmemoriales dejaba claro el oficio que se practicaba en ellas. De ahí deriva la palabra «ramera», aunque el público

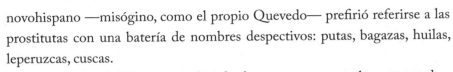

novohispano —misógino, como el propio Quevedo— prefirió referirse a las prostitutas con una batería de nombres despectivos: putas, bagazas, huilas, leperuzcas, cuscas.

Aquel tramo de Mesones recibió desde entonces un nombre encantador: calle de las Gayas —es decir, calle donde viven las alegres, las ligeras.

A pesar de encontrarse lejos de la Plaza Mayor, o quizá por esto, las casas de mancebía fueron acogidas de manera espectacular por los caballeros de la Nueva España. El piadoso fray Juan de Zumárraga no tardó en denunciar ante el rey a dos sacerdotes, Rebollo y Torres, que salían de noche «con pretexto de ir a buscar ídolos para destruirlos», y en realidad atravesaban Mesones para ir a idolatrar a las ruidosas gayas.

El escándalo que se vivía en la calle era tan rotundo, que «Ortiz, el Músico», quien poseía ahí una escuela «de danza y tañer» —según Bernal, fue el que introdujo el arte de la música en la Nueva España—, pidió permiso al Ayuntamiento para cambiar de domicilio; literalmente, para llevar su música a otra parte.

Felipe II reglamentó, en 1572, las casas públicas de la ciudad. A cargo de cada una debía estar «un padre» o «una madre» encargados de vigilar la aplicación del reglamento (de ahí los términos «padrote» y «madrota»). Las gayas debían ser mujeres huérfanas o abandonadas por sus padres. Estaba prohibido enrolar vírgenes, menores de doce años y mujeres casadas, o que debieran dinero.

Según la historiadora Josefina Muriel, en aquella ciudad amortajada por su moral, en la que la honra de las mujeres decentes debía ser salvaguardada a toda costa, a los hombres no les quedaba otro recurso que refugiarse en los burdeles. En consecuencia, las prostitutas se enriquecieron. Algunas de ellas llegaron a ostentar «lujos tan inmoderados» que se levantó en su contra una airadísima protesta. Una ordenanza encaminada a distinguirlas de «las personas de calidad» les prohibió usar vestidos de cola y andar por la calle con mozas que se las levantaran. Se les prohibió también usar tacones altos, arrodillarse sobre cojines durante la misa, así como lucir «oro, perlas e seda».

Pese a las ordenanzas, muchas de ellas se dejaban ver en sus propias carrozas y tenían a su servicio criados de librea. Existe un decreto de 1670 que enumera a algunas de las gayas más famosas de ese tiempo. Sus apodos resultan inolvidables: «la Chinche», «la Sedacito», «la Vende Barato», «las Priscas» —las ingenuas— y «la Manteca» —ignoro si por la blancura de su piel o por la consistencia de sus carnes.

Desde 1525, año en que Pedro Hernández Paniagua solicitó permiso para establecer un mesón en el que pudiera brindar a los viajeros «carne, pan e vino», Mesones comenzó a erigirse en una calle de hospederías por la que a toda hora rondaban arrieros, comerciantes, buscavidas; también nobles y aristócratas que según una denuncia anónima, al entrar en los burdeles, lo hacían con la cara tapada. Por eso, Artemio de Valle Arizpe escribió que en las Gayas «los pecados andaban por lo alto y las virtudes por el suelo».

Durante una razia efectuada en 1809, una mujer declaró que había entrado al prostíbulo solo para cobrar el importe de una colcha que le debían, y un administrador, al que habían pescado con los calzones en la mano, aseguró que había acudido a ese sitio «a pedirlos prestados»; a casi tres siglos de las excursiones nocturnas de los sacerdotes Rebollo y Torres, la picaresca se sostenía como una de las señas de la calle.

En la segunda mitad del siglo XIX, la apertura de una institución más cómoda y refinada, el hotel, marcó el declive de los mesones. «Nadie que se tiene en algo los habita: los pobres y las bestias son los únicos que buscan su abrigo. Pronto tal vez desaparecerán», escribió a finales de ese siglo Luis González Obregón.

Murieron los mesones y se llevaron consigo las innumerables mancebías. La geografía sexual se trasladó a otros rumbos.

De las placas que uno encuentra en las calles, la de Mesones es, sin duda, mi favorita.

Una imagen de principios del siglo XX de la antigua pulquería «La Risa», ubicada en la esquina de la calle de Mesones y el Callejón de Mesones, en el Centro Histórico. Tras más de un siglo de existencia, este conocido espacio cerró sus puertas hace un par de años.

UN PARAÍSO DE HORTALIZAS

LA CIUDAD NOS HACE GUIÑOS SUTILES

El legendario Hotel Jardín

HOMBRES DE AIRE DISTRAÍDO RONDAN LOS ESCAPARATES COMO LAS MOSCAS LAS DULCERÍAS

Coahuatecpan, el palacio de las mujeres del tlatoani Moctezuma

1 8 6 6

LA CALLE RECIÉN ABIERTA SE LLAMÓ INDEPENDENCIA

LAS CIUDADES ENCUENTRAN MANERAS DE PERPETUAR SU MEMORIA

EL CONVENTO MÁS EXTENSO Y MÁS EXCELSO DE MÉXICO

FUE OTRA DE LAS COSAS QUE EL TERREMOTO DE 1985 SE LLEVÓ

UNA DE LAS GRANDES FELICIDADES QUE LA CIVILIZACIÓN DEL SIGLO XX ENTREGÓ A LOS HOMBRES

La Capital del Sexo

En el mismo sitio en donde alguna vez centelleó la marquesina del cine Olimpia, 16 de Septiembre, hoy se encuentra un espacio extraño, casi onírico: la Capital del Sexo. Uno halla condonerías, venta de juguetes eróticos y locales en los que se ofrecen cremas, esencias, perfumes y lencerías lúbricas. Algunos fetiches acaso no han sido soñados por las máximas autoridades en el tema.

Los jóvenes deambulan por el establecimiento con sonrisas tunas, maliciosas, sagaces. Hombres de aire distraído rondan los escaparates como las moscas las dulcerías —y se separan de estos luego, llevando entre las manos bolsas misteriosas de contorno indefinible.

La ciudad nos hace guiños sutiles.

A causa de una sorprendente coincidencia histórica, el terreno que ocupa la Capital del Sexo ha estado destinado, desde siempre, al placer. Por el padre Francisco Xavier Clavijero sabemos que en otro tiempo radicó en ese punto el llamado Coahuatecpan, el palacio de las mujeres del tlatoani Moctezuma, cuyo nombre indica su destino.

Moctezuma debió visitar aquella casa con frecuencia, pues se sabe que llegó a tener al mismo tiempo hasta ciento cincuenta concubinas embarazadas.

Hernán Cortés afirmó que en aquella prehispánica Capital del Sexo se habrían podido alojar dos grandes príncipes con sus respectivas comitivas. Había diez estanques, una arboleda, un muestrario completo de aves y cuadrúpedos, que los hombres del capitán extremeño miraron «suspensos y atónitos».

El espacio fue ocupado más tarde por el Convento Grande de Nuestro Padre Santísimo Francisco, el convento más extenso y más excelso de México, que abarcó una superficie de treinta y dos mil metros cuadrados y en el que la vieja arboleda de Moctezuma —narra Artemio de Valle Arizpe— fue transformada en una gigantesca huerta, «un bello y quieto lugar de solaz y esparcimiento de la comunidad seráfica». Es decir: un paraíso de hortalizas, frutales y árboles centenarios; un edén de esencias florales en el que los franciscanos pasaron «largos siglos compuestos por tardes regaladas».

La calle que hoy discurre frente a la Capital del Sexo es de la más recientes del viejo Centro Histórico. En 1856, el presidente Ignacio Comonfort fue avisado de una conspiración que se fraguaba en el convento y emitió un decreto que lo expropiaba. Ordenó que antes de quince días se abriera a través de sus muros una calle que prolongara la de Tlapaleros hasta San Juan de Letrán —Tlapaleros era el tramo de la actual 16 de Septiembre más cercano al Zócalo; recibía ese nombre porque en ella había tiendas consagradas a la venta de pinceles, colores, aceites y barnices.

La calle recién abierta se llamó Independencia, porque el hombre que denunció la supuesta conspiración era un militar que formaba parte de un cuerpo de guardias nacionales que llevaba ese nombre.

Las ciudades encuentran maneras de perpetuar su memoria. Cuando la huerta de los franciscanos fue arrasada, un hábil empresario adquirió el predio. En 1866 convirtió los antiguos aposentos de los frailes en las habitaciones de un hotel: el legendario Hotel Jardín. Lo bautizó de ese modo porque el establecimiento mantuvo en su patio central una parte de la huerta, «un bonito jardín —dice una vieja guía de la ciudad— hacia el cual tienen vista todas las habitaciones».

No es necesario mencionar que durante el siglo y medio siguiente, hombres de aire distraído rondaron las habitaciones como las moscas rondan las dulcerías, pues un requisito indispensable de la hotelería consiste en transitar por estos establecimientos con cierto aire de disimulo.

En 1920, el Hotel Jardín que conservaba las huertas franciscanas, y aun las arboledas de Moctezuma, fue derribado. Lo remplazó una de las grandes felicidades que la civilización del siglo XX entregó a los hombres: el cinematógrafo.

El magnate Jacobo Granat, dueño de la primera cadena de cines de la capital, invirtió un millón de pesos en la que sería la sala de cine más moderna de México: el cine Olimpia.

Enrico Caruso colocó la primera piedra del edificio. Entre otras novedades, el Olimpia fue el primer cinematógrafo que contó con ventilación, salida de emergencia y caseta de proyección propiamente dicha.

La fachada lucía una marquesina «volada», al estilo de los cines de Nueva York. En su interior había un salón de té, un cabaret, un fumador para caballeros y una bóveda repleta de pinturas que representaban la flora nacional: cactus, nopales, magueyes, cempasúchiles.

El 10 de diciembre de 1921, con la exhibición de la película *La danza del ídolo* y la asistencia del presidente Álvaro Obregón, el cine fue formalmente inaugurado. En esa sala se estrenó años después el filme que puso fin al cine silente: *El cantante de jazz*.

El cine Olimpia fue otra de las cosas que el terremoto de 1985 se llevó. Recuerdo los años finales: su decadencia, su cierre, su demolición.

No me lo crean, pero podría asegurar que en una vuelta perfecta del tiempo, aquella sala terminó exhibiendo películas que solo atraían a hombres de aire distraído. Como lo dije antes, las ciudades siempre encuentran maneras de perpetuar su memoria.

La fachada del popular cine Olimpia, ubicado en la calle de 16 de septiembre. En la esquina superior se anuncian las cintas «La legión de los Condenados» y «La última orden» de 1928. La sala fue diseñada por Carlos Crombé y se inauguró en 1921.

«SE TRATA DE UNA PLAZA COMERCIAL DEDICADA AL PLACER EN SU FORMA MÁS EXPLÍCITA».

LA CIUDAD QUEDÓ SUMERGIDA BAJO EL AGUA DURANTE CINCO AÑOS

EL ANTIGUO MASCARÓN DE RASGOS FELINOS

El agua no bajó

NADIE SUPO VER EL DESASTRE QUE SE AVECINABA

Cinco grandes inundaciones en solo tres cuartos de siglo

1 6 2 9

LAS FRÁGILES CASAS DE LOS INDIOS SE DESHICIERON

EXISTEN MARCAS QUE RECUERDAN LOS DÍAS QUE LA MEMORIA HA PERDIDO

MILES DE CADÁVERES FLOTABAN ENTRE MUEBLES

HUBO SAQUEOS EN LAS CASAS ABANDONADAS

LA LLUVIA CAÍA DEL CIELO CON TANTA ABUNDANCIA CUANTA JAMÁS SE HABÍA VISTO EN NUEVA ESPAÑA

El día que la Ciudad de México desapareció

Encontré hace tiempo esta noticia borrosa: a consecuencia de una tromba ocurrida el día de San Mateo de 1629, la Ciudad de México fue abandonada y quedó sumergida bajo el agua durante cinco años.

El dato me resultó tan raro, tan poco conocido, que creí imposible que fuera cierto. En la Ciudad de México, sin embargo, existen marcas que recuerdan los días que la memoria ha perdido.

He caminado durante toda mi vida por la calle de Madero, podría decir con López Velarde que no hay una de las veinticuatro horas en que esa avenida no conozca mi pisada. No existe tampoco una sola ocasión en la que, al pasar, no me haya inquietado el antiguo mascarón de rasgos felinos que se halla en la esquina de Madero y Motolinía. En *Los conventos suprimidos en México*, Manuel Ramírez Aparicio, un periodista y escritor liberal a quien le preocupó dejar un registro de lo que la piqueta de la Reforma se había llevado, afirma que el mascarón felino fue empotrado en esa esquina en recuerdo del nivel que alcanzaron las aguas —cerca de dos metros— el día en que se desató la tromba de San Mateo, la peor tragedia en la historia de la ciudad, antes del terremoto de 1985.

Hernán Cortés aseguraba que la ciudad que había fundado era una de las más magníficas del mundo. Su propia casa, considerada «una ciudad dentro de la ciudad», demandó el traslado de siete mil vigas de cedro.

El levantamiento de palacios, templos, conventos y hospitales sobre las ruinas de la antigua capital mexica provocó el desmonte sistemático de las montañas cercanas. Hizo que los aluviones arrastrados por las lluvias azolvaran lentamente las acequias y los lagos. Nadie supo ver el desastre que se avecinaba. El nivel de las aguas subió siete veces en veinticinco años. Sobrevinieron cinco grandes inundaciones en solo tres cuartos de siglo.

En medio de largas y burocráticas discusiones, las autoridades virreinales iniciaron la construcción de un canal de desagüe, el de Huehuetoca, que solo sirvió a medias —y que para 1623 había dejado de funcionar.

El visitador Martín Carrillo denunció ante la Corona que nadie volvió a rendir cuentas sobre el avance y estado del desagüe. Cuando el virrey Rodrigo Pacheco, marqués de Cerralvo, ordenó un conjunto de reparaciones urgentes, era demasiado tarde.

En septiembre de 1629, una tromba azotó la capital durante treinta y seis horas. La lluvia «caía del cielo con tanta abundancia cuanta jamás se había visto en Nueva España», escribió un testigo. El ingeniero Enrico Martínez, maestro mayor del desagüe, tomó la decisión de segar la entrada del canal de Huehuetoca para evitar que la crecida de las aguas destruyera las reparaciones que, por orden del virrey, se estaban practicando. Fue una decisión funesta: el 21 de septiembre, día de San Mateo, un torrente embravecido cayó sobre la ciudad. En los barrios de la periferia, las frágiles casas de los indios se deshicieron. Según el arzobispo Francisco de Manso y Zúñiga, durante la crecida murieron treinta mil indios. El historiador Richard Everett Boyer, autor de un estudio espléndido sobre la gran inundación, asegura que de las veinte mil familias que hasta entonces poblaban la ciudad solo quedaron cuatrocientas: los sobrevivientes habían iniciado un éxodo masivo.

Era el comienzo de un desastre que marcó a una generación entera.

El agua lamía los balcones de los segundos pisos. Miles de cadáveres flotaban entre muebles, carruajes, troncos de árboles. Todo ondulaba en la corriente turbia.

Cuando se fue la lluvia, las campanas de los templos tocaron lúgubremente a rebato. Una relación firmada por Alonso de Cepeda y Fernando Carrillo afirma que México se quedó bajo el agua, «sin reservar cosa alguna».

«El cuerpo de agua fue tan grande y violento en las plazas, calles, conventos y casas, que llegó a tener dos varas de alto por donde menos», escribieron ambos testigos.

No había otra forma de desplazarse más que en canoa. No había otro modo de ingresar en las casas más que por las ventanas de los pisos altos.

Para confortar un poco a los vecinos, los sacerdotes celebraban misas en las azoteas de los conventos: los fieles los escuchaban desde las suyas propias, «en medio de lágrimas, sollozos y lamentos».

Las reservas de granos se habían arruinado. Hubo saqueos en las casas abandonadas. El pueblo, obligado a consumir alimentos contaminados, fue presa de las enfermedades.

El agua no bajó. Richard Everett Boyer relata que los ciudadanos fueron invitados a presentar proyectos para vaciar la cuenca. Se creyó que en la memoria de los indios podría existir el secreto de algún desagüe olvidado. Se ofreció una recompensa de cien mil pesos a quien lo entregara. El mito de que en Pantitlán había un desagüe secreto, cuyo ubicación solo había conocido el tlatoani Moctezuma, hizo que una comisión se lanzara infructuosamente a buscarlo.

«Esta ciudad no volverá a poblarse jamás», escribió fray Gonzalo de Córdoba.

Dos años después de la inundación, una cédula real ordenó «mudar la ciudad a sitio mejor y más cercano»: Tacuba, Tacubaya, Coyoacán o San Agustín de las Cuevas. El Cabildo discutió la idea y concluyó que era imposible. Se habían invertido en la ciudad más de cincuenta millones de pesos: había veintidós conventos, veintidós templos, ocho hospitales, seis colegios, una catedral, dos parroquias, unas Casas Reales, un arzobispado, una universidad, un Santo Oficio, varias cárceles, una alameda y otras obras públicas. No había modo de abandonar a su suerte a la antigua soberana de los lagos.

Así quedamos atrapados para siempre al cruel destino, el destino incierto de la Ciudad de México. Así se nos unció a un futuro de inundaciones cíclicas, de hundimientos continuos, de desastres inevitables. De ese modo se encadenaba también al valle soberbio donde dormía, se gestaba y sobrevivía, en palabras de Salvador Novo, la grandeza de México.

EL AUTO DE FE MÁS ESPANTOSO QUE REALIZÓ LA INQUISICIÓN

Criptojudíos presos

FUE OBLIGADO A DENUNCIAR A TODOS LOS JUDAIZANTES QUE CONOCÍA

EL SANTO OFICIO ANIQUILÓ, CASI POR COMPLETO, A LOS «MARRANOS» QUE HABITABAN EN AQUEL VIRREINATO

Descendientes de judíos expulsados de España en 1492

1 6 4 9

SUBIERON EL NIVEL DE TORTURA

«EXURGE DOMINE ET JUDICA CAUSAM TUAM»

A TODOS SE LES ENTREGÓ CRUZ VERDE, EL SÍMBOLO DEL TRIBUNAL

UNO A UNO, LOS CONDENADOS FUERON CAYENDO POR EL GARROTE

RECOGIÓ LAS CENIZAS DE LOS MUERTOS

«La Complicidad Grande»

El origen de las detenciones masivas que dieron paso al auto de fe más espantoso que la Inquisición realizó en la Nueva España fue la confesión de un adolescente llamado Gaspar Robles.

Guiado por su confesor, Robles admitió ante el Santo Oficio que dos tíos suyos lo habían iniciado en el judaísmo. Relató a los inquisidores que «creyó desde entonces en todo lo que le dijeron, y de todo corazón y voluntad creyó que la Ley de Moysén era la buena y necesaria para su salvación y no la de Nuestro Señor Jesuchristo, de la cual se apartó».

Tras un altercado con uno de estos tíos, el joven Robles resolvió denunciarlo ante la Inquisición. En marzo de 1641, un grupo de comisarios detuvo a Francisco Enríquez-Home y lo metió en ese espantoso aparato de tortura conocido como «el potro». Antes de morir en un calabozo a consecuencia de las heridas que le dejó un prolongado martirio, Enríquez-Home fue obligado a denunciar a todos los judaizantes que conocía.

Hubo una segunda audiencia y Gaspar Robles entregó a los Inquisidores una lista que contenía los nombres de sus parientes, no solo en la Ciudad de México, sino en España y Portugal. Había comenzado el proceso que José Toribio Medina bautizó —a semejanza de otro llevado a cabo en el Perú— como «la Complicidad Grande».

En 1639, el Santo Oficio detuvo en Lima a ciento sesenta mercaderes de origen portugués que practicaban de modo secreto el judaísmo. El auto de fe correspondiente aniquiló, casi por completo, a los «marranos» —palabra brutal con que la Inquisición designaba a los criptojudíos— que habitaban en aquel virreinato. Cuando terminó el proceso, el Santo Oficio español hizo saber que vería con buenos ojos que las cárceles novohispanas se llenaran también de criptojudíos presos.

Ochenta años antes de la Complicidad Grande, en 1580, al unirse las Coronas de Castilla y Portugal, se permitió que los portugueses que lo desearan fueran a habitar al virreinato de la Nueva España. Entre ellos se encontraban numerosos descendientes de judíos expulsados de España en 1492, que seguían practicando, a la sombra, la religión de sus antepasados. Muchos de ellos creían que lejos de la metrópoli española hallarían un ambiente de mayor libertad.

Se equivocaron. Solo diez años más tarde una familia numerosa, la de los Carvajal, fue llevada a proceso y quemada a orillas de la Alameda.

La confesión que Enríquez-Home hizo en el «potro» ocasionó que más de setenta personas fueran aprehendidas. A pesar del esmero con que los inquisidores interrogaron a los presos, no lograron «descubrir sus delitos, ni los detalles de estos». Atribuyeron su fracaso a que los detenidos se ponían de acuerdo de calabozo a calabozo «por golpes con las letras del ABC». Subieron el nivel de tortura. Una mujer confesó al fin que su madre y sus hermanas «hacían desprecio de Jesucristo, cuya imagen azotaban». La investigación avanzó lentamente, sin embargo, porque los reos confesaban cosas «tan diminutas» que, escribían en 1644 los inquisidores, «no podemos negarnos ni excusarles las diligencias de las torturas».

«Se padece mucho en hacerlos confesar», escribieron luego.

El proceso se prolongó ocho años. En marzo de 1649, con un acompañamiento precedido por trompetas y formado por los ministros del Tribunal, así como por los caballeros más distinguidos de la Ciudad de México, un pregonero que se detuvo seis veces en lugares significativos —las casas de la Inquisición y del Cabildo, el arzobispado, el palacio virreinal, las calles de San Francisco y Tacuba— anunció la solemne realización de lo que se llamó «el auto grande».

El sitio elegido «para llevar a cabo la justicia de Dios» fue la plaza del Volador, un espacio amplísimo que se hallaba a un costado del palacio de los virreyes —en donde hoy se alza la Suprema Corte de Justicia—, que solía ser usado como plaza de toros. Allí, el arquitecto Lorenzo de la Hidalga construyó tiempo después (en 1841) un suntuoso mercado, con calles, fuentes, estatuas y ciento veintiséis puertas de acceso. Aunque el mercado se quemó veinte años más tarde, en esa plaza se siguieron vendiendo, hasta la década de 1930, libros viejos, zapatos, sombreros, reatas, rebozos y fierros.

Ahí mismo se construyó el tablado con el escudo de armas del Santo Oficio: una cruz acompañada de una espada y una rama de olivo —el castigo y la reconciliación—, y la frase, del salmo 73, que hacía temblar a quien la escuchaba: *«EXURGE DOMINE ET JUDICA CAUSAM TUAM»* («Álzate, oh Dios, a defender tu causa»).

Llegó el día terrible en que todas las campanas de las iglesias de la ciudad iniciaron un lúgubre tañido. En el patio del Tribunal, el inquisidor Juan Sáenz de Mañozca fue llamando por sus nombres a ciento nueve reos. Como sesenta y siete de ellos habían muerto en las cárceles, unos indios cargaron sus estatuas, hechas «con arte y propiedad […] todas las cuales llevaban en letras grandes en la espalda el nombre de los que representaban».

Los huesos de veintitrés difuntos destinados a la hoguera fueron depositados en unas cajas. Algunos condenados recibieron los sambenitos pintados con llamas y figuras de demonios que debían vestir a partir de entonces y con los que iban a ser «relajados». El cronista Mathías de Bocanegra afirma que muchos de ellos lloraban. A los que no querían callar, les ponían mordazas. A todos se les entregó una cruz verde, el símbolo del Tribunal. Cada reo iba acompañado de dos confesores que no cesaban de exhortarlo al arrepentimiento.

La procesión partió al amanecer. Los inquisidores montaban a caballo. Detrás de ellos, una mula cargaba una caja de madera que contenía las sentencias.

José Toribio Medina cuenta que el reo que más llamaba la atención era Tomás Treviño de Sobremonte, quien, a pesar de ir amordazado, «no cesaba de articular las voces que podía».

Unos veinte mil forasteros habían llegado a la Ciudad de México para presenciar el auto de fe. No se había visto nunca tal concurso de gente, tales apreturas, tal aglomeración de carruajes —más de quinientos, según Bocanegra—. Miles de curiosos se habían tumbado a dormir en las cercanías del tablado desde la noche anterior.

En medio de las imprecaciones y los denuestos del público, «los enemigos de la fe» avanzaron por Santo Domingo —hoy Brasil— hasta la Plazuela del

Marqués —hoy Monte de Piedad—. Tras dar un rodeo a la Plaza Mayor, pegados a los portales, alcanzaron su destino. Eran las siete de la mañana del 11 de abril de 1649. En ese momento, las campanas dejaron de tañer.

Se habría podido escuchar el rumor de una mosca cuando inició la lectura de las causas. A la una de la tarde dicha lectura no había terminado. El arzobispo tocó una campanilla para que el trámite se abreviara, pero este demandó dos horas más. El sol de abril caía implacable en la Plaza Mayor y hacía sufrir al público tanto como arriba del tablado sufrían los reos.

Se decretó al fin que trece de los enjuiciados fueran llevados al garrote y la hoguera. Al resto se le dictaron sentencias diversas. Los «justiciados» fueron montados a horcajadas sobre borricos y paseados por Plateros —hoy Madero—, Santa Clara —hoy Tacuba— y la calle de la Caja de Agua —hoy Avenida Hidalgo.

La bestia montada por Treviño de Sobremonte se sacudió al sentir «la carga infernal» que llevaba encima y salió disparada entre la multitud, mientras «el judío, relapso y rebelde», adoptaba un aspecto feroz «que bastó para poner horror a los mismos brutos», cuenta Bocanegra.

Cuando los condenados llegaron al Quemadero de la Alameda, frente al convento de San Diego, había tantas personas que querían mirar la ejecución que «no cabiendo en sus sitio, lograron el de las ramas de los árboles, que más parecían piños de hombres que copas de álamos».

Doce de los reos habían sido condenados a morir en el garrote vil, un collar de hierro que, al ser atravesado por un tornillo, causaba a la víctima la rotura de las vértebras del cuello. A Treviño de Sobremonte, en cambio, se le sentenció a ser quemado vivo «por su obstinación diabólica en su sacrilegio y su perfidia».

Uno a uno, los condenados fueron cayendo por el garrote. A todos se les acercó la imagen de Cristo para que tuvieran «el remedio de su preciosísima sangre». Los cadáveres de los ajusticiados fueron quemados. Mathías de Bocanegra, el cronista al que he seguido, relata de este modo la ejecución de Treviño:

> Echaron leña en el brasero y subieron el último al infelice, a quien le aplicaron la llama a la barba y rostro, por ver si la pena le hacía cuerdo y el dolor desengañado; mas él con palabras y acciones

consumó su impenitencia final y atrayendo la leña con los pies, se dejó quemar vivo, sin dar un solo indicio de arrepentido, antes no pudiendo ya hablar, desde la llama se le veía hacer meneos con la cabeza y manos, como quien decía que no.

El corregidor recogió las cenizas de los muertos. Esa misma noche las arrojó a una acequia.

Eran las siete de la noche cuando, en crédito de la persona de Cristo Crucificado, y en honra y gloria de su Eterno Padre, el suplicio terminó.

La gente regresó en silencio, y con los ojos vacíos, a la oscuridad de sus casas.

1649

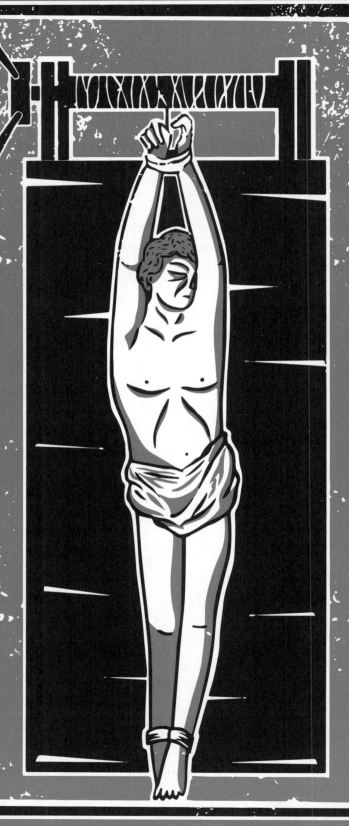

«LOS HUESOS DE VEINTITRÉS DIFUNTOS DESTINADOS A LA HOGUERA FUERON DEPOSITADOS EN UNAS CAJAS».

«OJOS, HERIDO ME HABÉIS»

Tomaron posesión del edificio

EL CORONEL PEDRO DEL BARRIO TOCÓ LAS PUERTAS MACIZAS

EL CORAZÓN DEL VIRREY BALTASAR DE ZÚÑIGA ACABABA DE APARECER

«Donde esté tu tesoro, allí estará también tu corazón»

1 7 2 7

BALTASAR HIZO CONSTRUIR EL CONVENTO DE CORPUS CHRISTI

EL ÚNICO EDIFICIO VIRREINAL QUE QUEDA EN LA AVENIDA JUÁREZ

«INDIAS CACICAS»

¿POR QUÉ EL POBRE VIEJO SE HIZO ARRANCAR EL CORAZÓN?

LE DEBEMOS LA PROFESA, EL PALACIO DE LA INQUISICIÓN Y EL TEMPLO DE SANTO DOMINGO

El corazón del virrey

Cuando camino de noche por la avenida Juárez suelo detenerme ante la fachada gris, de enorme riqueza plástica, del templo de Corpus Christi, el único edificio virreinal que queda en esa vía. Algo me dice que una de estas noches, como en el cuento de Poe, escucharé latir un corazón.

Corpus Christi encierra una de mis historias predilectas. Hace años, mientras el templo era restaurado, apareció detrás del altar una caja de plata que poseía una fecha: 1727, y la siguiente extraña inscripción: «Donde esté tu tesoro, allí estará también tu corazón» —la frase estaba escrita en latín.

El corazón del virrey Baltasar de Zúñiga, marqués de Valero, acababa de aparecer tres siglos después de ser inhumado en el templo.

Aquella pequeña caja de plata había desatado a principios del siglo XVIII una serie incontable de leyendas. Nadie podía explicarse por qué aquel viejo virrey, muerto en España después de gobernar el virreinato por seis años, había ordenado, en una de las líneas de su testamento, que le arrancaran el corazón y lo trajeran de vuelta a México.

Don Baltasar de Zúñiga fue el primer virrey soltero de la Nueva España. Aunque en la tarde en que desembarcó en Veracruz se aproximaba a los sesenta años de edad, en cuanto pisó la capital y recibió los agasajos de la corte, las malas lenguas —así le llamaban al *TVNotas* de entonces— se apresuraron a soltar la versión de que Su Excelencia se había enamorado de una joven que poco después tomó los hábitos y se enterró en vida para siempre en el convento de Santa Isabel —ese convento estuvo donde hoy se alza Bellas Artes.

Con ese tema, de gran potencial literario, el fantasioso Artemio de Valle Arizpe escribió una crónica sentimental, cuyo título lo dice todo: «Ojos, herido me habéis».

Un relato paralelo, y más apegado a la realidad, indica que una tarde de 1718, al regresar de la procesión del día de Corpus, el virrey don Baltasar de Zúñiga sufrió un atentado: un joven militar intentó atravesarlo de una estocada. El alférez de guardia, el caballerizo mayor y varios soldados redujeron al atacante e impidieron que el virrey fuera asesinado.

El proceso criminal que vino a continuación reveló que el militar, Nicolás José Camacho, acababa de salir del hospital de dementes de San Hipólito. Su declaración fue una retahíla de incoherencias que le valieron ser enviado de nuevo al manicomio, en donde se le confinó a perpetuidad. En un cuento inspirado en este episodio, Guillermo Prieto acusó al virrey de haber querido robarse a la esposa de Camacho.

Cuenta la leyenda que en acción de gracias por haber salvado la vida un día de Corpus, don Baltasar hizo construir el convento de Corpus Christi: Pedro de Arrieta, el genial arquitecto al que debemos la Profesa, el Palacio de la Inquisición y el templo de Santo de Domingo, llevó a cabo la obra.

El gobierno del virrey de Valero se caracterizó por el apoyo que brindó a los indios: Corpus Christi fue un convento destinado a albergar «indias cacicas», las hijas de los principales señores indígenas, las cuales, hasta entonces, solo podían ingresar en los conventos en calidad de criadas.

Aunque la determinación del marqués causó revuelo en la Nueva España —los jesuitas argumentaron que, por su «escasa razón», las indias estaban incapacitadas para tomar los hábitos, lo que desató un largo litigio—, las cuatro primeras fundadoras tomaron posesión del edificio el 13 de julio de 1724.

Para entonces, sin embargo, el marqués de Valero no se encontraba ya en el virreinato. Había sido removido del cargo en 1722 y obligado a regresar a Madrid —donde se le nombró Mayordomo mayor del rey—. Murió en 1727, según su testamento, «sin haber tomado estado».

Una tarde, el coronel Pedro del Barrio tocó las puertas macizas del convento y entregó una caja de plata que contenía un corazón. Por disposición testamentaria, el marqués había mandado que el órgano fuera conservado en la capilla de Corpus Christi.

La noticia corrió como pólvora: aquello probaba que el viejo virrey había sucumbido al hielo abrasador, el fuego helado —todo lo que sirvió a Quevedo para describir el amor en un poema—. ¿Por qué otro motivo el pobre viejo se habría hecho arrancar el corazón?

Cundieron rumores, chismes, leyendas.

«Pocos mortales habrá que amen a esta Ciudad de México tan desinteresada, tan puramente como yo», escribió Salvador Novo.

No podría jurarlo, pero creo que eso mismo quiso decir el marqués cuando grabó la pequeña inscripción: un versículo de Mateo, en la caja de plata.

BERNAL DÍAZ DEL CASTILLO

EL HEDOR DE LA PÓLVORA QUE PARECE COSA INFERNAL

SE LLEVARON EL ORO Y NOS DEJARON LOS COHETES

Los jinetes de Cortés vuelven

1 8 3 9

DECÍAN USARLOS PARA ESPANTAR A LOS ESPÍRITUS DEL MAL

ES LA MANERA FAVORITA DE CONMEMORAR UN ACONTECIMIENTO CUALQUIERA

EN LA ÉPOCA VIRREINAL

EL DIOS DEL FUEGO Y EL DIOS DEL RAYO

PROVOCARON TANTOS INCENDIOS, TANTAS MANOS CERCENADAS, TANTOS DESASTRES, TANTAS CALAMIDADES

La patria del cohete

Benito Juárez soñó con desterrar la religión católica para que los mexicanos no gastaran su dinero tronando cohetes. No consiguió ninguna de las dos cosas y no hay un cálculo que indique cuántos de ellos han sido tronados en México desde entonces.

Bernal Díaz del Castillo cuenta que al desembarcar en Veracruz, Hernán Cortés mandó a sus artilleros «que tuviesen muy cebadas las lumbreras con un buen golpe de pólvora para que hiciesen gran trueno cuando las soltasen». Los indígenas que escucharon por primera vez el rugido de los cañones fueron presa de un horror indecible. Habían oído, como escribe fray Bernardino de Sahagún, «el negocio de la artillería, especialmente de los truenos que quiebran las orejas, y del hedor de la pólvora que parece cosa infernal».

A partir de ese momento, Cortés resolvió dedicar a la población indígena un *performance* formidable: sus jinetes aparecían montados en los briosos corceles que había traído de Cuba —Arriero y Rabona, según relata Bernal, fueron los Adán y Eva de la cría americana—, mientras los artilleros disparaban al aire sonorísimos obuses que hacían temblar —cuando no dispersar— hasta a los cuauhpipiltin más templados.

Así se prolongaba la ilusión de que los «teules» descendían de los cielos, de allá en donde residían el dios del fuego y el dios del rayo.

En una línea célebre, Neruda señala que aquellos torvos conquistadores «se llevaron el oro y nos dejaron el oro […] Se lo llevaron todo y nos dejaron todo […] nos dejaron las palabras». Habría que añadir que se llevaron el oro y nos dejaron los cohetes: los afanes evangelizadores de los frailes hallaron en esta invención diabólica de los chinos una forma de sojuzgar mediante el temor y la fascinación. El tronar de los cohetes recordaba a los indios lo sobrenatural y permitía establecer una suerte de conexión con lo divino.

De ese modo se fundó la patria del cohete, en la que llevamos medio milenio inmersos. No importa si se trata de ceremonias civiles, políticas, deportivas o religiosas, los jinetes de Cortés vuelven a aparecer con las lumbreras muy cebadas y ese negocio de la artillería que quiebra las orejas y hiede como el infierno.

En diciembre de 1839, la extraordinaria *Madame* Calderón de la Barca entró a la Ciudad de México por la misma calle por la que cuatro siglos antes habían entrado Bernal Díaz del Castillo y Hernán Cortés. Lo que escuchó a lo lejos fue el ruido de la Conquista vuelto cohetes. Ignoraba que cada mexicano pasaba la vida reproduciendo una y otra vez el impacto de aquel momento inicial.

Madame Calderón se instaló en una casa del rumbo de San Cosme y se sentó a escribir largas y hermosas cartas dirigidas a sus familiares.

La escritura de la epístola número XXXVIII quedó bruscamente interrumpida por «una atronadora lluvia de cohetes». El estruendo dio al traste con los pensamientos a los que la marquesa se había entregado. Relató más tarde a sus familiares: «En cuanto a los cohetes y demás detonantes, el pueblo goza con ellos, así de día o de noche. Esta es la manera favorita de conmemorar un acontecimiento cualquiera, profano o religioso».

Ese día, la marquesa recordó la anécdota que un amigo le había contado:

—¿Qué creen ustedes que estén haciendo ahora los mexicanos? —preguntó Fernando VII a un mexicano, el cual se encontraba en la Corte española poco después del triunfo de la Independencia.

—Echando cohetes, Su Majestad —contestó el mexicano.

—Pero quisiera yo saber, ¿qué estarán haciendo los mexicanos ahora? —dijo el Rey en la tarde.

—Tirando cohetes, Su Majestad.

Su Majestad se dignó a repetir la pregunta en la noche:

—Lo mismo, Su Majestad, siguen tirando cohetes.

En la época virreinal, los cohetes provocaron tantos incendios, tantas manos cercenadas, tantos desastres, tantas calamidades, que la Corona decidió regular su venta, y la monopolizó durante casi dos siglos, entre 1590 y 1776. Nada cambió, sin embargo, porque desde entonces inició también la costumbre de venderlos de manera clandestina. Siguieron las explosiones, los incendios, las manos cercenadas, los heridos y los muertos.

Los chinos decían usarlos para espantar a los espíritus del Mal. En México fue al revés: los empleamos para atraerlos bajo el pretexto de festejar a los santos con bellas lluvias de colores. Por eso cada año desayunamos con la noticia de que un depósito de cohetes acaba de estallar.

Madame Calderón falleció en Madrid el 6 de febrero de 1882. No hace falta preguntar qué estaban haciendo los habitantes del país que, cincuenta años antes, tanto y de tantas formas la había cautivado.

«EL TRONAR DE LOS COHETES RECORDABA A LOS INDIOS LO SOBRENATURAL Y PERMITÍA ESTABLECER UNA SUERTE DE CONEXIÓN CON LO DIVINO».

ZAPATA, VILLA Y CARRANZA

EN TACUBA SE DIO LA HUIDA DE LOS ESPAÑOLES EN LA NOCHE TRISTE

Madero tiene las joyerías

LA PROCESIÓN DEL PENDÓN

Fue inaugurado un rascacielos

1 5 5 4

ENTRÓ POR MADERO

INVADIDA POR LOS AMBULANTES

MI DUQUESITA, LA QUE ME ADORA, NO TIENE HUMOS DE GRAN SEÑORA

EL PRIMER CAFÉ QUE HUBO EN MÉXICO

HIZO DESFILAR AL EJÉRCITO TRIGARANTE POR MADERO

La calle más antigua de América

La calle de Madero tiene las joyerías; la de Tacuba, una estación de metro. Por Madero discurren algunos de los jardines selectos de la modernidad: las tiendas Zara, Mix-Up —y hasta hace poco, una legendaria High Life—; Tacuba fue durante años una calle invadida por los ambulantes: en ella vi amontonarse puestos de discos, videos, cepillos, mochilas, cinturones y lociones «piratas». En 1956, en Madero fue inaugurado un rascacielos, considerado entonces el más alto de México; en Tacuba hubo durante siglo y medio una vecindad de doscientos cuartos. En Madero vivió un emperador, Agustín de Iturbide; en Tacuba, en cambio, habitaron periodistas, impresores y escritores pobretones: Ignacio Cumplido, Manuel Payno, Ignacio Manuel de Castorena y Ursúa. En Madero, calle de la platería, vivieron los marqueses de Guardiola, los marqueses de Prado Alegre, el minero Joaquín Borda y los condes del Valle de Orizaba —que construyeron la Casa de los Azulejos—; Tacuba tuvo que conformarse con recibir a un gremio tosco: el de los herreros.

Manuel Gutiérrez Nájera vivió en Tacuba, pero dedicó su mejor poema a la calle de Madero. En Madero se encuentra La Profesa, el templo donde la religión «echó todo su resto y competencia»; en Tacuba solo hay una modesta capilla, que alguna vez formó parte del convento de los Betlemitas. Durante siglos, la gente de tono paseó por Madero; en Tacuba solo había indios queseros —ahí se apostaba la yerbera que Payno convirtió en personaje de *Los bandidos de Río Frío*— y, bien mirado, no hubo más paseo que uno religioso:

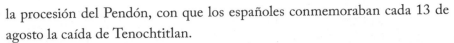

la procesión del Pendón, con que los españoles conmemoraban cada 13 de agosto la caída de Tenochtitlan.

La Independencia estaba destinada a entrar a la ciudad por la calle de Tacuba: en el último momento, Iturbide hizo desfilar al Ejército Trigarante por la de Madero: quería halagar a una amante tempestuosa, «la Güera Rodríguez», que habitaba en un palacio ubicado en esa calle. El primer café que hubo en México, el de Manrique, abrió sus puertas en la calle de Tacuba; las cafeterías más elegantes estuvieron, sin embargo, en Madero: El Cazador, La Concordia, el Café de Medina.

Madero tuvo un Jockey Club, centro de exhibición de «lagartijos y gomosos»; en Tacuba construyeron hospitales —el de San Andrés y el de los Hermanos Terceros—, a los que iban a morir los pobres.

Cuando la Revolución triunfó, Madero entró por Madero. Zapata, Villa y Carranza también entraron por Madero. El primer cine de México estuvo en la calle de Madero, la *Revista Moderna* hizo que la poesía cayera sobre la ciudad desde un edificio de Madero, la primera vez que alguien probó en México el bistec sucedió en un café de la calle de Madero. Allí abrieron sus tiendas las modistas más acreditadas —la *Madame* Marnat y la Helen Kossut del poema de Gutiérrez Nájera—. La peluquería más elegante estuvo en Madero: ahí oficiaba el peluquero Pierre Micoló, otro de los personajes de «La duquesa Job», el gran poema najeriano.

En Madero se transfiguró y sudó el Cristo de los Desagravios. No hay noticia de que en Tacuba haya sucedido nunca milagro alguno. De José T. Cuéllar a Martín Luis Guzmán, y de Rodolfo Usigli a Carlos Fuentes, los novelistas mexicanos han explotado al máximo la escenografía suntuosa que proporciona la calle de Madero: Tacuba no ha requerido otro afán que el de algunos desdeñados cronistas, Francisco Cervantes de Salazar y Artemio de Valle Arizpe, entre otros.

En lo personal, me inquieta Tacuba. Larga, ancha, recta, plana, «toda empedrada para que en tiempo de aguas no se hagan lodos ni esté sucia», ya estaba ahí en 1554, cuando se escribió la primera crónica urbana y quedó demostrado que una ciudad tarda treinta y tres años en cobrar conciencia de sí misma. Francisco de la Maza la bautizó como la calle más antigua de América: el geómetra que en 1523 trazó la nueva ciudad virreinal, decidió conservarla entre todas las ruinas de la ciudad azteca. De la Maza pudo definirla también como una de las calles más trágicas de la urbe: ahí, cuenta Valle-Arizpe, cayó el cuerpo ensangrentado de Moctezuma, luego de que Hernán Cortés le decretara «la muerte por hierro». Ahí, bajo una llovizna que apagaba el brillo de las armas, se dio la huida de los españoles en la trágica Noche Triste de los conquistadores. Precisamente ahí perdió Cortés la famosa mula cargada de oro, que le dolió más que sus soldados muertos y provocó, tiempo después, la tortura de Cuauhtémoc y otros señores de Anáhuac. Ahí, años más tarde, un oscuro poeta, Francisco González Bocanegra, compuso los únicos versos que se le recuerdan.

Ahí, en una capilla del Hospital de San Andrés, fue colgado el rubio cadáver de Maximiliano, que una noche Juárez visitó en secreto. Ahí se realizaron también las pompas fúnebres de dos connotados antihéroes: los generales conservadores Miguel Miramón y Tomás Mejía.

Ahí construyó don Porfirio el último edificio del porfiriato: el Palacio de Comunicaciones, que la Revolución le impidió acabar. Ahí, después de cabalgar por la ciudad de un lado a otro —primero porque los nacionalistas lo odiaban; luego porque significó un estorbo para su majestad el automóvil—, fue a parar la estatua de Carlos IV, rey tan menguado que el sentido popular prefirió esconder su nombre y referirse al monumento simplemente como el Caballito.

Quisiera en este punto realizar una confesión. Es una confesión extraña: me perdí a los cinco años de edad, mientras mi madre observaba un aparador en 5 de Mayo e Isabel la Católica. Se me informa que fui encontrado a una calle de distancia, mirando las actividades de un hombre que empujaba un carrito de paletas.

«A una calle de distancia» solo puede significar dos cosas: que caminé hacia Tacuba o que avancé hacia Madero.

Esta versión personal del Niño Perdido me hace albergar desde hace tiempo una inquietud vital: ¿habré sabido a tan temprana edad cuál era mi lugar en el mundo?

1554

La calle de Tacuba en su entrada al primer cuadro capitalino. Detalle extraído del *Plano Topográfico de la Ciudad de México*, formado por el Ingeniero Antonio García Cubas, publicado por la antigua librería M. Murgía en 1886.

EL MACIZO EDIFICIO DE BERNARDINO ÁLVAREZ

LOS DESECHOS TRITURADOS POR LA URBE SIGUEN GRITANDO

EL MANICOMIO DE LA CASTAÑEDA

A San Hipólito fue enviado don Luis de Carvajal

1 5 6 6

EN EL SIGLO XVI NADIE QUERÍA ESTAR CERCA DE LOS «ENDEMONIADOS»

LA CABEZA VISIBLE DE UNA ACTIVA BANDA DE LADRONES

VIVÍAN Y MORÍAN ABANDONADOS EN LOS CALLEJONES

HOSPITAL DE LA PURÍSIMA CONCEPCIÓN

LA DE SAN FERNANDO DESTACA PORQUE SUS HABITANTES GRITAN, GESTICULAN, FARFULLAN, SE RÍEN SOLOS

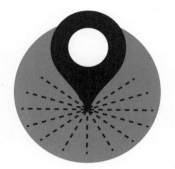

La plaza de los locos

La plaza de San Fernando, puerta de entrada a la colonia Guerrero, suele causarme escalofríos. La recuerdo desde siempre —un «siempre» que comienza en los años posteriores a la construcción del metro— habitada únicamente por locos. En las viejas plazas de la urbe hay imanes invisibles que atraen a las personas trituradas: niños de la calle, mendigos, indigentes, teporochos. La de San Fernando destaca porque sus habitantes gritan, gesticulan, farfullan, se ríen solos.

Fue un misterio urbano para mí hasta que supe que los lugares tienen memoria. San Fernando es la plaza de los locos desde 1566 por culpa de un ladrón que se salvó de la horca.

En 1534 desembarcó en Nueva España un joven sevillano que acababa de cumplir veinte años. Según las crónicas, tenía mala cabeza: «ociosidad, disipación, gusto por el juego y por las consiguientes pendencias». Se llamaba Bernardino Álvarez. Quiso hacer carrera en la milicia, pero su carácter rebelde, y una ciudad en la que no pocos vicios hallaban asiento, lo metieron de lleno en la senda del crimen.

Unos años más tarde, Bernardino Álvarez era la cabeza visible de una activa banda de ladrones. En una crónica escrita por el historiador jesuita Andrés Cavo se lee que, una mala tarde, Álvarez y doce miembros de su pandilla cayeron en manos de la justicia y fueron condenados «a destierro para los descubrimientos de la China».

Antes de que la cuerda saliera rumbo a Acapulco, Álvarez escapó de la cárcel de Corte. No se sabe cómo, reapareció en Lima. Se ignora, también,

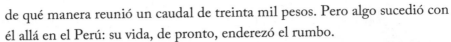

de qué manera reunió un caudal de treinta mil pesos. Pero algo sucedió con él allá en el Perú: su vida, de pronto, enderezó el rumbo.

Cuando, años más tarde, volvió a la Nueva España, se cortó el cabello, se metió en un burdo saco de paño y se dedicó a auxiliar enfermos en el Hospital de la Purísima Concepción.

Las cosas que vio en aquel sitio a lo largo de diez años lo llevaron a comprar una casa en ruinas en el Puente de Alvarado, a unos pasos del templo de San Hipólito. En ese caserón, ubicado frente «al triste puente» en que unos seiscientos españoles perdieron la vida en la Noche Triste, Bernardino Álvarez abrió el primer hospital para dementes que hubo en México.

En ese tiempo, a los enfermos mentales les llamaban «inocentes», «enajenados», «endemoniados». Pululaban en las calles y eran objeto de escarnio. Vivían y morían abandonados en los callejones.

Con el auxilio de diversos patrocinadores —uno de los cuales nunca quiso revelar su nombre—, Álvarez transformó la casa en ruinas en un macizo edificio al que se conoció como Hospital de San Hipólito. Estaba abierto para recibir a los desterrados sociales: los locos, los pobres, los enfermos. A una hora determinada se repartía comida: a esa hora, los náufragos de la urbe se encaminaban a la plaza y aguardaban en las inmediaciones de lo que hoy es la plaza de San Fernando.

Para sostener el hospital, el antiguo ladrón tenía que salir a pedir limosna en las calles.

Debió ser impresionante verlo andar por la ciudad seguido por dos o tres de sus «inocentes»:

—¡Den por Dios para las piedras vivas de Jesucristo! —solía exclamar, según el relato del padre Cavo.

En el siglo XVI, nadie quería estar cerca de los «endemoniados». El trabajo cotidiano en el hospital era realizado por reos de los tribunales civiles y eclesiásticos. A San Hipólito fue enviado a realizar trabajos forzados, por ejemplo, don Luis de Carvajal, acusado de herejía y quemado en la Alameda en 1596; ahí esperaron su sentencia los piratas de la flota de Francis Drake, apresados por las autoridades virreinales tras el saqueo del puerto de Veracruz. Con el tiempo, estas labores quedaron a cargo de un grupo de voluntarios del que surgieron los Hermanos de la Caridad.

Previsiblemente, los alrededores del hospital siempre estaban llenos de locos —algunos de ellos eran enviados a buscar leña o a acarrear agua de las fuentes cercanas.

El hospital cerró en 1910, cuando se inauguró el manicomio de La Castañeda. Años antes, Manuel Payno le había dedicado una crónica: durante su visita a la institución, halló una sucursal del infierno, con mugre, sangre, piojos, excrementos y personas hacinadas en jaulas.

El macizo edificio de Bernardino Álvarez aún existe. Es posible caminar por su claustro poblado de sombras, sospechar los cuatro siglos de dolor, los cuatrocientos años de imágenes aterradoras que —no me hagan caso, yo también estoy loco— dejaron en los muros una huella, un eco, una impronta.

Las imágenes que inquietaron mi infancia son las mismas que inquietaron, desde 1566, la de otros niños de México. Los lugares tienen memoria. El hospital se mudó, la comida no llegará, pero durante todo este tiempo, en una plaza de San Fernando fiel a sí misma, los desechos triturados por la urbe siguen gritando, gesticulando, farfullando.

DELGADA, OJOS SALTONES Y SIN UN DIENTE EN EL LADO DERECHO

Participarlo por escrito

CHORREABA LA VIDA

PERRO OREJÓN

Un anteojo gregoriano de reflexión

1 7 2 2

UNA INSTITUCIÓN CENTRAL DE NUESTRA PRENSA

D. JOSEF DE TERÁN Y QUEVEDO VENDE UNA NEGRA ESCLAVA CON DOS HIJAS

ESCRITOR

LA SEÑORITA GUERRA PERDIÓ UN ARETE CON DOS BRILLANTES

EL «AVISO OPORTUNO» GENERABA GANANCIAS EXTRAORDINARIAS PARA LOS EDITORES

Prehistoria del «Aviso Oportuno»

En 1722, en una imprenta de la calle que hoy conocemos como Monte de Piedad y que antes se llamó del Empedradillo, el padre Juan Ignacio Castorena y Ursúa editó el primer periódico de Hispanoamérica: *La Gaceta de México*.

La imprenta de la que salió escurriendo tinta aquel periódico, destinado a «refrescar a los mexicanos las noticias procedentes de Europa», se hallaba frente a la Plazuela del Marqués, en el costado poniente de la Catedral. Una placa recuerda en la actualidad el sitio exacto en que funcionó aquel taller legendario.

Aunque la gaceta del padre Castorena solo vivió seis meses, otros periódicos del mismo nombre siguieron apareciendo a lo largo del siglo XVIII. En enero de 1748, una de esas publicaciones —la que dirigía el editor Manuel Antonio de Valdés— publicó el primer «Aviso Oportuno» en la historia del periodismo mexicano.

La Gaceta de México había dado a conocer el siguiente aviso:

> Las personas que por medio de la *Gaceta* quieran participar al público alguna cosa que les interese, como venta de esclavos, casas o haciendas, alhajas perdidas o halladas, y otras de este género, ocurran a la oficina a participarlo por escrito, y sin más costo que un par de reales.

Con ese aviso nacía una institución central de nuestra prensa: el anuncio de ocasión. Varios interesados acudieron a la imprenta de Valdés, en la calle del Espíritu Santo —actual Isabel la Católica—, y pagaron los dos reales que costaba la inserción de un aviso. Salvador Novo reprodujo algunos de ellos en un libro cargado de revelaciones: *Apuntes para una historia de la publicidad en la Ciudad de México*.

El primer anuncio decía esto:

Quien supiere de dos mulatas esclavas, la una nombrada María Josefa y la otra Eusebia Josefa Machuca, la primera alobada, pelilasio, ojos chicos, alta de cuerpo y de proporcionado grueso, con unas enaguas de carmín y otras azules […]; la otra entrecana, mediana de cuerpo, delgada, ojos saltones y sin un diente en el lado derecho, vestida en los términos de la primera, y con un paño azul y plata, ocurra a dar razón a la justicia más cercana, respecto a ir fugitivas de las casas de sus amos, a quienes robaron, de lo cual darán razón en la (casa) del Baño nuevo de los pajaritos en el Salto del Agua.

Ese día memorable, *la Gaceta de México* publicó también estos avisos:

• Quien tuviere un anteojo gregoriano de reflexión ocurra a la calle de Tiburcio número 49, donde se le comprará.

• Quien quisiere comprar un aderezo bordado de realce, color azul, acuda a la sastrería de Don Marcos, junto al Refugio, donde lo podrá ver el que gustare.

• D. Josef de Terán y Quevedo vende una negra esclava con dos hijas de cinco y dos años de edad: es buena cocinera y lavandera.

La idea de Manuel Antonio de Valdés no era original. Desde 1652 se habían infiltrado en las gacetas londinenses ofertas de café y chocolate, que en opinión de Novo eran ya «verdaderos anuncios o avisos». Los de la *Gaceta* resultaron tremendamente atractivos para los lectores de diarios y hojas volantes. Mientras el periodismo ofrecía escasas noticias y se limitaba a la reproducción burocrática de comunicaciones oficiales, por aquellos anuncios chorreaba la vida. Uno podía enterarse de la muerte de una persona cuando sus familiares sacaban a la venta su ropa o su biblioteca, o de la quiebra de un conde cuando este acudía a la imprenta para anunciar la venta de una mina, una casa o una hacienda. Como además el «Aviso Oportuno» generaba ganancias extraordinarias para los editores —importantes periódicos de hoy siguen hallando en ese rubro gran parte de sus ingresos—, las publicaciones mexicanas incluyeron, a partir de entonces, secciones de «Avisos», «Solicitudes» o «Encargos».

Un investigador podría contar la historia de la vida privada en la Ciudad de México con solo ojear estos anuncios. Las páginas de avisos están llenas de misterios, de novelas inconclusas cuyo final no conoceremos jamás.

El Diario de México, 7 de diciembre de 1805
• Norberto, negrito y sin pies, vecino de esta ciudad, pretende un acomodo de cocinero pues es inteligente en el oficio. Vive en la calle del puente de Amaya.
• Dos religiosos predicadores que deben ir a Guadalajara, solicitan otros tantos asientos en un coche, con tal de que en él no vayan mujeres.

El Imparcial, 28 de noviembre de 1907
• El domingo se extravió en Zapotitlán perro orejón, color amarillo oro oscuro, entiende por «Cazador». Se gratificará al que lo entregue en la Aduana Vieja.
• En el Cinematógrafo Salón Internacional, la señorita Guerra perdió un arete con dos brillantes. Se recompensará al que lo entregue en Turín 41.
• *Massage* de primera clase. Señorita Marsch. Hotel Principal.

El Monitor Republicano, 23 de diciembre de 1861
• Cincuenta pesos de gratificación, sin averiguación alguna, a la persona que entregue en el almacén de Capuchinas núm. 9, un caballo colorado claro, de siete cuartas, contralbo, frente blanca, una

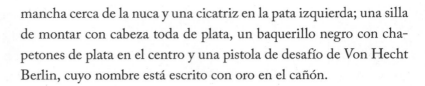

mancha cerca de la nuca y una cicatriz en la pata izquierda; una silla de montar con cabeza toda de plata, un baquerillo negro con chapetones de plata en el centro y una pistola de desafío de Von Hecht Berlin, cuyo nombre está escrito con oro en el cañón.

Suelo anotar en pequeñas libretas los avisos que encuentro cuando asisto a la hemeroteca. Intento adivinar lo que habrá ocurrido con la gente que los publicó. He recogido de este modo un grupo de astillas: fragmentos de vidas desconocidas que de pronto se iluminan y arden como fósforos en las páginas de algún diario amarillento. El siguiente anuncio me parece todo un documento:

Diario de México, 1 de julio de 1815

• Escritor: un sujeto decente solicita destino por la pluma o en cualquier otra cosa. En el Portal de San Agustín, cajón de cristales número 8, darán razón.

«CON ESE AVISO NACÍA UNA INSTITUCIÓN CENTRAL DE NUESTRA PRENSA: EL ANUNCIO DE OCASIÓN».

ESCRITORIO PUBLICO
AGENCIA
DE
EL AVISO OPORTUNO
CINCO CENTAVOS PALABRA

EL AVISO OPORTUNO 5

El letrero del «Aviso Oportuno» del diario *El Universal* resalta en la planta baja de la residencia de la familia Escandón, en la esquina de la calle de Madero y el actual Eje Central, donde se instaló por un tiempo el famoso servicio de anuncios clasificados. Conocida como la «Casa de los Perros», por las figuras que se encontraban en la parte superior, esta construcción ocupó el sitio donde había estado la residencia de los marqueses de Santa Fe de Guardiola; fue demolida en 1938, y en la actualidad ahí se encuentra el Edificio Guardiola del Banco de México.

EN ESTA CASA FUE ASESINADO DON JOAQUÍN DONGO

LA CIUDAD ENTERA SE AGOLPA FRENTE A LA CASA DE DONGO

SE PUEBLA DE LLOROS Y GRITOS DE ESPANTO

Cuerpos partidos a machetazos

1 7 8 9

EL HALLAZGO DE UNA CAPA Y UN SOMBRERO

COMISARIOS QUE INVESTIGABAN UN ROBO

NO HAY RASTRO DE LOS ASESINOS

BLANCO Y ALDAMA SE REFUGIARON EN LA VECINDAD

LA NOTICIA DEL CRIMEN SE EXTENDIÓ

El execrable crimen de don Joaquín Dongo

Un cabo del regimiento de dragones descubre en la plazuela de Tenexpa, a unos pasos del templo de Santa Catarina, un lujoso carruaje abandonado. Es el 24 de octubre de 1789. Comienza a amanecer en la Ciudad de México: los portones de las casas aún permanecen cerrados. El militar espera el paso de los primeros transeúntes, porque sabe que algo anda mal. Tenexpa no es el barrio en el que se pueda encontrar un carruaje de ese tipo. Se halla a todas luces en el lado equivocado de la ciudad.

Un cochero informa al cabo de dragones que aquel carruaje elegante es bien conocido en la metrópoli: pertenece al comerciante español don Joaquín Dongo.

El dragón vislumbra acaso la posibilidad de obtener una buena recompensa. Camina hasta un alto caserón de tezontle rojizo y vanos de cantera, en el número 13 de Cordobanes —la actual Donceles—. La rica puerta de madera labrada está apenas entornada: el hombre empuja con los dedos, asoma la cabeza y deja escapar una exclamación. En el patio, sobre las baldosas de piedra, yace el cadáver atrozmente acuchillado de don Joaquín Dongo.

El alcalde del barrio es llamado a la casa y halla en las habitaciones y en el entresuelo, revolcados en su propia sangre, con la cabeza y el cuerpo partidos a machetazos, los cadáveres del tesorero de Dongo, Nicolás Lanuza y de otros nueve sirvientes —entre los que figuran mujeres y ancianos—. El reconocimiento de la escena del crimen —un *travelling* espeluznante, escribirá un siglo después el historiador Enrique Flores— culmina con el hallazgo de la vela de cera que los asesinos emplearon para alumbrarse mientras realizaban la matanza.

En las habitaciones hay varios baúles descerrajados. No sé cómo, alguien calcula que el robo asciende a veinte mil pesos: una fortuna a fines del XVIII.

Carlos María de Bustamante recordaría que el crimen «llenó de pavura a la nación». Sacudida por el multihomicidio, la ciudad entera se agolpa frente a la casa de Dongo. De acuerdo con la *Gazeta de México*, la policía espulga las garitas —«por si pasase o hubiese pasado alguno o algunos fugitivos»—, recorre los hospitales —«para ver si ocurriese algún herido»—, visita los mesones —«para tomar razón individual de los que se hallaban posados»— y husmea en las platerías —«por si alguien llegara a tasar o vender».

Cordobanes se puebla de lloros y gritos de espanto cuando los muertos son conducidos en tablas al edificio de la Acordada.

No hay rastro de los asesinos. Los vecinos son interrogados en busca de pistas. Se hace declarar a una mujer en cuya tertulia Dongo había estado la noche anterior. Alguien recuerda que en la madrugada escuchó un carruaje que partía a galope.

Los «inescrutables juicios de la Omnipotencia» —otra vez la *Gazeta de México*— permiten que un vecino atestigüe la discusión entre un sujeto que lleva la cinta de atarse el cabello manchada de sangre y un joyero o relojero llamado Ramón Blasio.

Blasio es prendido esa misma tarde en su local de la calle de Plateros. Su declaración conduce al capitán de los comisarios hasta la casa del hombre con el que el joyero había conversado. Se llama Felipe Aldama y se dice «español, decente, noble, notorio hijodalgo». Jura por todos los cielos que la sangre hallada en su cinta proviene de una salpicadura adquirida en una pelea de gallos. En el barrio tiene, sin embargo, fama de hombre vago. Aldama admite que vive «de la caridad de sus amigos», puesto que de momento se encuentra sin trabajo.

Sus respuestas quieren ser prontas y persuasivas. Lo hunde, sin embargo, el hallazgo de una capa y un sombrero, sucios también de sangre, y el descubrimiento de una hebilla que tiene grabadas las iniciales «J. D.».

Los comisarios buscan entonces a los amigos caritativos que se han echado a cuestas la manutención de Aldama y llegan al primero de ellos: José Joaquín Blanco —¡como el querido escritor de nuestros días!—. Nuevas investigaciones conducen a las autoridades al domicilio de un segundo amigo:

Baltasar Dávila Quintero. Las «mutaciones en su semblante» son advertidas por el capitán: ordena que su habitación sea registrada. Bajo las vigas del suelo aparecen varias talegas. Contienen veintiún mil seiscientos pesos en monedas de plata. A los asesinos no les queda sino confesar: «Señor, esto ya no tiene remedio […] no quiero cansar más la atención de vuestra señoría pues Dios lo determina, y me han hallado el robo en mi casa. ¿Qué tengo que decir sino que todo es verdad? Que me alivien las prisiones, ya que lo he confesado, fuerza es pagar», declara Dávila Quintero.

El relato de los asesinos marea. «Fingiéndose justicia», es decir, haciéndose pasar por comisarios que investigaban un robo, los tres cómplices entraron en la casa de Dongo. «Con tal prontitud que no dieron voz», asesinaron a machetazos a un indio mensajero, al tesorero Lanuza, a cuatro sirvientas —«dos han quedado, una tú y otra yo»—, al portero y a un anciano ayudante. Al terminar la matanza se sentaron en el patio a esperar la llegada de don Joaquín.

Dongo llegó en su carruaje hacia las nueve y media de la noche. Le acompañaban un lacayo y un cochero. Aldama abrió la puerta y retomó por un instante su papel de comisario:

«Caballero —le dijo a Dongo—, dispense el atrevimiento que se ha tenido de perder los respetos de su casa. Usted tiene su lugar. Sírvase subir a hablar con estos caballeros [Blanco y Dávila Quintero], que yo tengo quehacer con sus criados».

El comerciante obedeció, pero advirtió que la casa estaba demasiado silenciosa, que los cuartos de los criados se hallaban cerrados, que algo estaba fuera de sitio. Hizo intento de sacar su espada. Su cadáver sería encontrado con cortaduras en la cabeza, el pecho y las manos —con las que había intentado cubrirse la cara—. Los asesinos le arrancaron la hebilla, las charreteras y un reloj de oro. Tras ultimar a los dos criados restantes —uno de ellos sobrevivió durante cinco indescriptibles minutos—, forzaron los baúles y pasaron un par de horas trasladando talegas y monedas de plata al carruaje de Dongo. El vehículo iba tan cargado que, recordó uno de los asesinos, «sueños de bronce que hubieran tenido los vecinos, se hubieran alborotado y despertado».

De acuerdo con la declaración de Dávila, «para mejor alucinar discursos» abandonaron el coche en una plazuela apartada.

Pasaba de la medianoche cuando se separaron. Blanco y Aldama se refugiaron en la vecindad en que vivía el primero; dijeron a la portera que regresaban de un baile. Según la *Gazeta*, cuando la noticia del crimen se extendió, tuvieron la sangre fría de acercarse a la casa de Dongo, «fingieron asombro y aun detestaron su delito».

El 7 de noviembre de 1789, Aldama, Dávila y Blanco fueron ejecutados en una plaza pública. El verdugo les cortó «las manos ofensoras» y las expuso, unas en el lugar del crimen, otras en la casa en donde el plan se había fraguado.

1789 había sido un año espantoso. En Querétaro nació un niño que poseía cuatro nalgas, dos miembros viriles y veintitrés dedos en los pies. En Oaxaca ocurrió un violento terremoto. Texcoco lloró la muerte del indio Juan Cayetano, de ciento treinta años de edad, a quien se consideraba el hombre que más cosas había visto en la Nueva España. La Ciudad de México despertó temblando de pavor una noche en la que aparecieron en el firmamento unos rayos «blanquizcos, en forma de escoba» —una aurora boreal.

De aquel largo rosario de calamidades, ninguna fue tan recordada como el execrable crimen de don Joaquín Dongo. En 1835, Carlos María de Bustamante decidió publicar los papeles del proceso. Treinta años más tarde, Manuel Payno recreó, en *El libro rojo*, los pormenores del caso. José T. Cuéllar dedicó al asunto una novela, *El pecado del siglo* (1869). A cien años de los sucesos, el propio Payno relató el asesinato en uno de los capítulos más escabrosos de *Los bandidos de Río Frío*.

No sé en qué año desapareció la casona en la que se cometió el asesinato. Desde los años treinta del siglo pasado está en su lugar un edificio «moderno» —Donceles 98— carente de gusto y de relevancia arquitectónica. «En esta casa fue asesinado don Joaquín Dongo, 1789», se lee en una placa colocada al lado de la puerta.

Pero en el maremágnum de Donceles casi nadie la advierte.

UNA BIBLIOTECA MÍTICA

EL ARCHIVO HISTÓRICO DE LA CIUDAD

LAS ORDENANZAS DE LOS VIRREYES

Vendió a Maximiliano su biblioteca

1 8 4 7

LAS ACTAS DEL CABILDO

SU CASA ES DESCRITA COMO UN REPOSITORIO LLENO DE LIBROS

LOS MAPAS DE CORTÉS

JUGABA BILLAR EN SU FINCA

LA ANTIGUA LIBRERÍA DE ANDRADE Y MORALES

La misteriosa enfermedad de José María Andrade

Cuentan que don José María Andrade usaba siempre un traje negro y era célebre por su semblante adusto de eclesiástico. No es posible imaginar una vida más aburrida: la única vez que salía de su casa después del crepúsculo era el Jueves Santo. Ese día visitaba veintiún iglesias: siete en la mañana, siete en la tarde, siete en la noche.

Los sábados de julio, agosto y septiembre jugaba billar en su finca de San Antonio de las Cuevas —Tlalpan—. La fineza de sus carambolas le labró una fama de invencible.

El resto del tiempo lo pasaba atendiendo la Antigua Librería de Andrade y Morales, en el Portal de Agustinos número 3, la cual había comprado en veintidós mil pesos.

Andrade padecía la rara enfermedad de los libros. Visitaba a las viudas cuando las flores aún estaban frescas en el sepulcro, para husmear en las bibliotecas de los difuntos. Revolvía los anaqueles de los conventos en busca de impresos olvidados. Copiaba documentos inéditos y disfrutaba cuando el hallazgo de un ejemplar en mal estado le permitía completar las páginas que faltaban en otro ejemplar en mal estado. Las viejas casonas de la Ciudad de México eran para él cofres repletos de tesoros ocultos.

Fatigando las calles y haciendo sonar la aldaba de antiguos portones había conseguido la primera edición de la *Historia verdadera de la conquista de la Nueva España* de Bernal Díaz del Castillo, así como los Diálogos latinos de Francisco Cervantes de Salazar, que se creían perdidos desde hacía tres siglos.

Obraba en su biblioteca una ilocalizable doctrina cristiana escrita en el siglo XVI por el padre Zumárraga, una *Historia de México* de López de Gómara y seis volúmenes góticos impresos entre 1543 y 1547. Su casa es descrita como un repositorio lleno de libros, periódicos, revistas, folletos y manuscritos —que a la primera oportunidad mostraba a otros «maniáticos de los libros»: Fernando Ramírez, Joaquín García Icazbalceta, José María Lafragua.

En septiembre de 1847, mientras las tropas del general Scott avanzaban a sangre y fuego por San Cosme, José María Andrade corrió con su aire de sacristán bajo las bombas, y metió dentro de un carruaje el archivo histórico de la Ciudad de México —el mismo que dos siglos atrás Carlos de Sigüenza y Góngora había salvado de las llamas durante el Motín del Hambre.

Andrade mantuvo oculto aquel archivo en su domicilio todo el tiempo que duró la ocupación militar de la Ciudad de México. Los mapas de Cortés, las actas del Cabildo, las ordenanzas de los virreyes, los documentos de la nación que había surgido tras la guerra de Independencia: la memoria acumulada a lo largo de tres siglos.

La historia de bronce, sin embargo, lo desterró de su Olimpo. Los liberales triunfantes no le perdonaron que hubiera sido miembro de la Junta de Gobierno en 1863, durante la intervención francesa, ni que en tiempos del Segundo Imperio hubiera colaborado con Maximiliano. Su nombre dejó de ser repetido.

Andrade había hecho tal vez algo peor: venderle al emperador su biblioteca, más de siete mil extrañas piezas con las cuales Maximiliano pensó formar la Biblioteca Imperial.

No he hallado algo que explique por qué lo hizo. Maximiliano encontró su corona de sombras el 19 de junio de 1867 en el Cerro de las Campanas. Regaló una moneda de oro a los soldados que formaron parte del pelotón de fusilamiento y luego recibió cinco tiros en el cuerpo.

Los libros de Andrade fueron empacados y llevados a lomo de mula a Veracruz. La biblioteca fue rematada en Leipzig en dieciséis mil pesos. De acuerdo con el *Catálogo* de sus libros, el bibliófilo había consagrado «cuarenta años de activas búsquedas», así como «sumas considerables» a su formación. La biblioteca estaba ordenada en veintiún divisiones y diez subdivisiones: contenía incunables, impresos españoles, franceses e ingleses y más de tres mil títulos editados durante el virreinato.

Andrade salió de México a la caída del Imperio. Pudo regresar años más tarde, con la intención manifiesta de formar otra colección. Según los apuntes biográficos dejados por su sobrino, en 1882 empezó a sentirse mal de salud y «tuvo la grandísima pena de descubrir que el cáncer comenzaba a aparecer en la mandíbula izquierda». El célebre doctor Lavista lo intervino quirúrgicamente un año más tarde. Pero no había mucho qué hacer. El bibliófilo sobrellevó la enfermedad por once meses. Fue inhumado el primero de diciembre de 1883, en el Panteón de Dolores.

Si en una librería de viejo encuentran un tomo cuyo ex libris diga: «*inter folia fructus*», no duden un instante, están frente a los restos de una biblioteca mítica, de un conjunto crucial en la bibliografía mexicana.

¡MANTEQUILLA, ¡MANTEQUILLA A REAL Y MEDIO!

¡TEJOCOTES POR VENAS DE CHILE!

¡Gorditas de horno calientes!

¡PASTELES DE MIEL, QUESO Y MIEL. REQUESÓN Y BUENA MIEL!

La violencia transformadora de las nuevas babeles industriales

1 8 9 6

TREPIDACIÓN DE MÁQUINAS

PULSACIONES DE LOCOMOTORAS

LA ÚLTIMA VEZ QUE ESCUCHÉ EL SILENCIO

LOS RELATOS URBANOS ESTÁN POBLADOS POR EL TAÑIDO DE LAS CAMPANAS

SILBATOS DE FÁBRICA

El siglo de los ruidos

«Canija capital, cabrona cábula y calamitosa, si puedes tú con Dios hablar persuádelo de que tu propósito no es ensordecerlo a las horas pico», escribe Carlos Monsiváis en una de sus crónicas «apocalípstickas». Hasta el siglo XIX, los relatos urbanos están poblados por el tañido de las campanas —que un cronista define como «la alegría de las torres»—, el choque de ruedas y herraduras contra el empedrado y los gritos de los vendedores que, según *Madame* Calderón, «comienzan al amanecer y no concluyen sino por la noche»:

«¿Carbón, señor?», el cual, según la manera como se le pronuncia, suena más bien: /carbonsiú/. Luego canta el mantequillero: «Mantequilla, ¡mantequilla a real y medio!», «cocina buena, cocina buena» interrumpe el carnicero con áspera voz. «¿Hay sebo-o-o-o?». Esta es la prolongada y melancólica nota de la mujer que compra desperdicios de cocina, y que se para delante de la puerta. Enseguida pasa por enfrente la cambista, especie de india comerciante dedicada a los trueques, la cual canta: «¡Tejocotes por venas de chile!», ofreciendo de esa suerte una fruta pequeña, en cambio de pimientos picantes […] Uno que parece buhonero ambulante entona el agudo tiple del grito indio. Le grita al público, para que le compren agujas, alfileres, dedales, botones de camisa, cintas, bolas de hilo, algodón, espejitos, cuanto hay. Entra a la casa y prestamente le rodean las criadas, jóvenes y viejas, que le ofrecen la décima parte de lo que pide, proposición que acepta después de mucho regateo. Detrás de él aparece otro indio con tentadores canastos llenos de fruta que va enumerando por sus nombres, hasta que la cocinera o el ama de llaves no pueden resistir más tiempo y asomando la cabeza por la baranda, le dicen que suba con los plátanos, las naranjas, las granaditas, y el resto de su malotaje [...] «¡Gorditas de horno calientes!». Esto suena en un tono afeminado, agudo y penetrante [...] «¡Pasteles de miel, queso y miel. Requesón y buena miel!».

Los hombres del porfiriato miraron azorados el fin de ese mundo. El primero en advertir que todo aquello había acabado fue, curiosamente, Ángel de Campo —quien solía firmar sus artículos con un seudónimo de claro carácter auditivo: «Tick-Tack»—. En 1896, en una crónica aparecida en *El Universal*, De Campo anunció la llegada del siglo de los ruidos y describió la violencia transformadora de las nuevas babeles industriales. Imaginó que las autopsias practicadas en el siglo XX revelarían martillos, yunques y estribos, entre otras partes del oído interno, completamente destrozados por las hirientes vibraciones que acompañaban la modernidad:

Silbatos de fábrica, trepidación de máquinas, pulsaciones de locomotoras, zumbido de dinamos, respiración de calderas a domicilio, usadas para mover elevadores o generar electricidad; chirridos de luz eléctrica, aumento de tranvías, carros y otros vehículos; timbrazos de bicicletas, anuncios declamados, cantados, silbados o aullados; campanas de iglesia, talleres, bombas, multiplicación de pianos y un marcado acento de la voz humana que necesita esforzarse para ser audible.

En 1938, los oídos sajones de Evelyn Waugh calificaron a la Ciudad de México como la más estridente y ensordecedora del mundo. «El ruido es la frustrante bienvenida inaugural para el forastero, el acompañante tenaz y diario», escribió. Hoy imaginamos como un remanso auditivo el México de la expropiación petrolera, cimbrado solo por los discursos de Cárdenas y Lombardo Toledano, y uncido por los siglos de los siglos a las modulaciones melódicas del Trío Garnica

Ascencio, del dueto Lara-Arcaraz. ¿Qué hubiera escrito Waugh si le fuera dado caminar, setenta años más tarde, por nuestro Eje Central? Que respondan los tráileres, los trascabos, los micros, los camiones, los aviones, los estéreos a todo volumen, las alarmas, la música de las tiendas, las ofertas de los vendedores de tecnología, las sirenas de las patrullas, los altavoces de los manifestantes, las potencias del volumen en una ciudad —cito de nuevo a Monsiváis— que desborda trampas acústicas, y retumba y gime, y puebla sus esquinas con basura auditiva que ya ningún barrendero recoge.

Camina por la ciudad el poeta Francisco Hernández. Poco después escribe:

> *La he mirado con lástima en los últimos meses*
> *Estoy en un décimo piso y hasta acá llegan los bramidos*
> *de las perforadoras, el rumor de los automóviles*
> *y gemidos de perros negándose a morir.*

Creo que la última vez que escuché el silencio fue en un patio de Santa María la Ribera, con el que tantos años después sigo soñando. No existía el Circuito Interior y Melchor Ocampo tenía palmeras. Los teléfonos públicos eran casetas con puertas que uno podía cerrar para apartarse del «ruido» exterior.

Ahora salgo a caminar a la calle con audífonos: soy Ulises en lucha contra las sirenas y no sé lo que revelará mi autopsia.

«LOS HOMBRES DEL PORFIRIATO MIRARON AZORADOS EL FIN DE ESE MUNDO».

«CALLE DEL CINCO DE MAYO»

Una niña porfiriana

PERMANENCIA VOLUNTARIA

LA CALLE MÁS NUEVA DE LA METRÓPOLI

La Dulcería Celaya

1 8 6 2

EL BAR LA ÓPERA

LA DERROTA INOLVIDABLE DE LOS FRANCESES

EL EDIFICIO DEL BANCO DE MÉXICO, JOYA ARQUITECTÓNICA DE 1926

LA CASA DE LAS AJARACAS

EDIFICAR AHÍ PODRÍA ACARREAR GRAVES Y MUY SERIOS MALEFICIOS

La calle maldita

En la Ciudad de México hubo una calle sin nombre. Era la calle más nueva de la metrópoli. Había surgido de golpe en 1861, cuando la Reforma suprimió las corporaciones religiosas y los muros de los conventos fueron deshechos a golpes de marro.

Un día, los vecinos de la capital descubrieron que en donde antes se hallaba el claustro de la Profesa iba surgiendo el trazo de una avenida. Esa avenida estaba cubierta de piedras y escombros en los que aún relucían las astillas doradas de los retablos virreinales que habían sido destruidos. Una crónica del momento indica que la nueva calle fue vista con repugnancia. Nadie se atrevía a cruzarla. La gente se negaba a profanar un suelo al que habían santificado «las virtudes de sus antiguos moradores».

Aunque se trataba de una calle céntrica, tardó mucho tiempo en poblarse. Los lotes eran ofrecidos a precios irrisorios, pero nadie se decidía a adquirirlos. Edificar ahí, según la conseja, podría acarrear graves y muy serios maleficios. La calle permaneció sin nombre, sin alumbrado, en ruinas, convertida en un rincón poblado de inmundicias, en el que noche a noche se perpetraban toda clase de delitos.

El 5 de mayo de 1862 ocurrió la derrota inolvidable de los franceses en la ciudad de Puebla. El Ayuntamiento del Distrito Federal acordó conmemorar el hecho y mandó colocar en aquella calle abandonada un letrero que decía: «Calle del Cinco de Mayo».

Qué giros tan extraños dan las cosas. La calle despreciada en 1861 fue vista con orgullo a partir de 1862. Mucha gente lloró de indignación cuando, al ocupar los franceses la Ciudad de México, un año más tarde, un grupo de zuavos balaceó el letrero que recordaba el descalabro que los invasores habían sufrido en Puebla.

La placa fue colocada nuevamente en su sitio cuando el gobierno liberal quedó restablecido. El 5 de mayo de 1868 se conmemoró en esa calle, por primera vez, el triunfo de las armas mexicanas. A partir de entonces, las autoridades procuraron embellecerla.

A principios del siglo XX, el gobierno de Porfirio Díaz hizo demoler el antiguo Teatro Nacional para extender 5 de Mayo del Zócalo a la Alameda. El viejo callejón de Mecateros del tiempo de los virreyes, como se llamaba el tramo de la calle a la que atajaban los muros de la Profesa, un pasadizo sucio y maloliente, fue convertido en un boulevard rutilante: de un lado, las torres de la Catedral; del otro, los crepúsculos de la Alameda y, en medio, una batería de edificios suntuosos, ocupados por bares, restaurantes, tiendas de ropa y librerías.

En 5 de Mayo abrió en 1909 la sala de cine que introdujo en México la «permanencia voluntaria»: el Cinematógrafo-Cine Club, fundado por Jorge Alcalde. Ahí se levantó también uno de los primeros rascacielos que hubo en la ciudad: el edificio de La Palestina, cuyos cinco pisos de altura solían despertar el ingenuo asombro de los caminantes. En esa calle funciona desde 1874 la tienda que posee el letrero publicitario más antiguo de la capital, la Dulcería Celaya, en cuyos escaparates, escribió Salvador Novo, «existe un México más propio que el que quieren imponernos las fuentes de sodas».

En 5 de Mayo radica hasta la actualidad, con sus reservados de terciopelo rojo y su barra imponente de caoba, el bar La Ópera, que es hoy el más antiguo de la capital. En esa calle nos deslumbran a diario el edificio del Banco de México, joya arquitectónica de 1926; la Casa de las Ajaracas, con su geométrica fachada de influencia mudéjar; y dos de los cafés más viejos del Centro: La Blanca y El Popular.

La piqueta de la Reforma destruyó lo único para imponer, según la fórmula consabida, lo que es posible hallar en cualquier parte. Derrumbó el insólito convento de Santo de Domingo y nos entregó a cambio una calle inútil: Leandro Valle. Debemos agradecer a los hombres de la Reforma, sin embargo, la existencia de una calle como la que reseño: una dulce niña porfiriana.

«LA PLACA
FUE COLOCADA
NUEVAMENTE EN
SU SITIO CUANDO
EL GOBIERNO
LIBERAL QUEDÓ
RESTABLECIDO».

El Edificio París, construido en 1907 como sede de la Compañía Bancaria de Fomento y Bienes Raíces de México S.A., se encuentra en la esquina de Cinco de Mayo y Motolinía. En esta fotografía cercana a 1910 se aprecia el cinematógrafo que funcionó en la planta baja; hoy este inmueble se mantiene con pocos cambios.

UN TESORO

Fueron entregadas al olvido

«DONDE LA LLORONA SE LAVABA LOS PIES A LA MEDIANOCHE»

EN EL CENTRO HISTÓRICO EXISTEN CINCUENTA Y SEIS PLAZAS

La plaza más pequeña del Centro se llama San Salvador el Seco

1 8 7 7

LA ESCULTURA DE UNA RANA GUITARRISTA

LA SOLEDAD, LA SANTÍSIMA, SANTA CATARINA, EL AGUILITA, LA ALHÓNDIGA, LORETO

FLORIDAS PALABROTAS QUE ESCANDALIZABAN A LAS NIÑAS

UNA FUENTE CENTRAL

EN LAS PLAZAS CONVERGEN LOS ROSTROS, LOS NOMBRES, LOS SIGLOS, LOS MISTERIOS

La ciudad y sus plazas

En el Centro Histórico, perdidas entre el follaje anárquico que las circunda, existen cincuenta y seis plazas. Algunas son amplias, prestigiosas, apabullantes: el Zócalo, la Merced, Santo Domingo. Otras están compuestas por pequeños espacios desolados: aparecen de golpe cuando se cruza una calle o cuando se dobla una esquina. Son las plazas olvidadas de los relatos antiguos: aquellas «donde la Llorona se lavaba los pies a la medianoche».

Tradicionalmente han sido las plazas de los perros, la miseria y el ambulantaje. Las plazas de las sombras sospechosamente quietas, en donde la ciudad ensaya noche a noche, como en el poema de Efraín Huerta, «sus bochornosos actos de vieja díscola y aparatosa».

Hubo una época en la que los habitantes de la ciudad perdimos el Centro. Las calles del poniente —Madero, 5 de Mayo, Venustiano Carranza, 16 de Septiembre— fueron pulidas, remozadas, entregadas a los almacenes, los bares, los restaurantes y el gran comercio. Ahí empezaba la ciudad francesa que soñó gobernar Porfirio Díaz.

Las otras calles, las del oriente, esas que corren por la parte trasera del Palacio Nacional, calles coloniales cargadas de templos, de casonas, de conventos, fueron sencillamente entregadas al olvido: las convirtieron en bodegas, en tianguis, en vecindades.

En esa zona de edificios en ruinas, de prodigios arquitectónicos semihundidos en el suelo, se localizan algunas de las plazas más antiguas, más bellas,

más misteriosas. La Soledad, la Santísima, Santa Catarina, el Aguilita, la Alhóndiga, Loreto.

Solo es posible recorrerlas con una mezcla de júbilo, de asombro, de furia. ¿Por qué se ha abandonado todo esto?

La plaza más pequeña del Centro se llama San Salvador el Seco —esquina de Bolívar y Nezahualcóyotl—. Está compuesta solamente por tres bancas: no mide más allá de veinte pasos. La plaza es, sin embargo, el mirador privilegiado de la bella capilla que la nombra: un tesoro del siglo XVIII que apareció como por arte de magia en 1861, cuando la Reforma mandó demoler los muros del convento de Porta Coeli.

A falta de dinero para proseguir con la demolición —que había echado ya por tierra las capillas de San Salvador el Verde, Tizapán y Niño Perdido—, ese búfalo en cristalería que fue el gobernador Juan José Baz, aceptó, tal vez mordiéndose los dientes, que la última capilla del convento quedara en pie.

De ese modo surgió a los ojos del público un portento en miniatura, la capilla de San Salvador el Seco; de ese modo se creó al paso del tiempo un oasis de oxígeno puro, la breve plaza de San Salvador, que persiste entre el ruido de los autos, los taxis y los microbuses.

La segunda plaza más pequeña del Centro se encuentra frente a la cantina El Gallo de Oro, en la esquina de Bolívar y Venustiano Carranza. Ahí radican la escultura de una rana guitarrista —a la que los lustradores de calzado «reverenciaban como a una antigua deidad»— y el reloj que la colonia turca legó a México con motivo de las fiestas del Centenario.

Ubicada frente al Colegio de Niñas, esta plaza nació por accidente en 1587, año en que el cabildo decidió colocar ahí una pila que surtiera de agua a los vecinos de la calle. Con el paso del tiempo, el espacio que rodeaba la pila se convirtió en asiento de uno de los primeros sitios de coches de alquiler que hubo en la ciudad.

Durante muchos siglos, dicha esquina fue un desastre: la pila convertía la calle en lodazal, los caballos hacían que se poblara de excrementos y los cocheros, de floridas palabrotas que escandalizaban a las niñas que estudiaban en el colegio.

En 1850 se decidió enmendar aquello y se formó una milimétrica plaza compuesta por una fuente central, varias bancas de respaldo arqueado y una serie de árboles que brindaban fresco a los viandantes cansados. En una divertida crónica, Artemio de Valle Arizpe relata que en 1877 «un inconsulto munícipe» decidió quitar los árboles y la dejó convertida en el «insoportable asoleadero» que conocemos hoy.

No se ha escrito un libro sobre las plazas de la ciudad. Basta con recorrer algunas para entender que en ellas no solamente convergen las calles, sino los rostros, los nombres, los siglos, los misterios.

ORACIÓN
MILAGROSA

ROSCA DE
REYES

BOLETOS DE TREN

Matrimonio

HALLAZGOS

Juan de Zumárraga

1992

PEINES DE CAREY

CUARTO
OSCURO

GUERRA
CIVIL

CHICHEN ITZÁ

«EL PRIMER
IMPRESOR
QUE A ESTA
TIERRA VINO»

Objetos
perdidos

En mi casa hay un agujero negro. Las cosas se pierden, sencillamente desaparecen. Un día no están más en su sitio y es como si un viento invisible las arrebatara para lanzarlas, como restos de un barco despedazado, a las playas de un reino desconocido. Juan José Arreola fue un maestro en el arte de extraviar objetos. Cierto día imaginó que un hombre le vendía un mapa capaz de encontrarlos. «Desde entonces vivo de los hallazgos que el mapa me otorga», escribió.

Por desgracia, el mapa de Arreola no existe y debo resignarme a la repetida desaparición de llaves, teléfonos, plumas, carteras, libros, tarjetas de crédito. A esta altura debo confesar que extraviar objetos es una vieja costumbre familiar. Mis abuelos perdían paraguas, anteojos, sombreros, boletos de tren, pasajes de avión, boletas de empeño. La pérdida de unos tirantes provocó una guerra civil que estuvo a punto de echar por tierra su matrimonio de cincuenta años. Una tía que heredó la costumbre de extraviar cosas creyó que había encontrado una oración milagrosa que lograba que las objetos perdidos regresaran a su sitio. Según esa receta, era necesario hacer un nudo en un pañuelo, «como queriendo que no se escape algo», para luego arrojar este en un cuarto oscuro, mientras se decía la oración siguiente:

> *San Donato,*
> *los cojones te ato*
> *y si no aparece lo que busco*
> *no te los desato.*

Imagino que San Donato se quedó con los cojones atados de por vida, porque mi tía perdió el acta de nacimiento, una credencial para votar y, según recuerdo, un billete de lotería con el que por primera vez se había sacado algo más que un reintegro.

Me siento tentado a revelar un oscuro misterio. Un amigo arqueólogo me llevó cierta tarde a la antigua casona de la calle de Moneda en donde Juan Pablos de Brescia, «el primer impresor que a esta tierra vino», abrió, en 1539, el negocio en el que se inició la edición de libros en México. En esa casa se imprimió el primer libro publicado en América: la *Breve y más compendiosa doctrina Christiana en lengua Mexicana y Castellana*, escrito por Juan de Zumárraga. En ese mismo sitio se publicó también uno de los documentos periodísticos más antiguos de que hay registro: la *Relación del espantable terremoto* que en 1541 destruyó la ciudad de Guatemala.

En aquellos días (1992), el INAH estaba restaurando el edificio. Cuando se levantaron los pisos, encimados unos sobre otros durante cuatro siglos, aparecieron peines de carey y peinetas de plata, botones de distintas épocas, monedas antiguas, canicas de vidrio y de barro, diferentes tipos de imprenta, un soldado de plomo e incluso un Niño extraído de alguna Rosca de Reyes. Objetos que la gente había extraviado en la eternidad que corrió del virreinato a la posrevolución y que en la confusión del mundo fueron a quedar bajo el piso.

Nadie me cree cuando digo que en aquella casa fueron encontrados los restos de un hormiguero abandonado, al que las hormigas de otro tiempo habían llevado canicas, botones, monedas pequeñas: todo lo que fuera redondo. Aquel hormiguero vacío era como el Chichen Itzá de las hormigas. Su imagen me acompaña desde hace tiempo.

Porque es un consuelo pensar que en algún lugar del hoyo negro que es mi casa, existe un museo, una oficina, un almacén que alberga mis objetos perdidos, esas cosas que, según el poema de Julio Cortázar, solamente están donde ya no las busco.

HAN ASESINADO AL DIPUTADO

LAS CAMPANAS DE LOS TEMPLOS HAN ENMUDECIDO

JUEVES SANTO DE 1850

LA FERRETERÍA MÁS RENOMBRADA DE MÉXICO

Llegó al patíbulo sin aliento

1 8 5 0

EL HOTEL DE LA GRAN SOCIEDAD

LA OTRA CIUDAD, LA DE LOS DÍAS DE PRIETO Y OTERO

EL HURACÁN POLÍTICO QUE LA SUCESIÓN PRESIDENCIAL HABÍA DESATADO

LA ESQUINA DEL CAOS

HABÍA ORDENADO LA EJECUCIÓN

El patíbulo de la calle del Espíritu Santo

Jueves Santo de 1850. La Ciudad de México es azotada por un viento frío y huracanado. Las campanas de los templos han enmudecido. En las calles no hay carruajes ni caballos. Las puertas del comercio lucen cerradas. Guillermo Prieto cuenta que aquel día «en que la Iglesia celebra con pompa extraordinaria la última cena de Jesucristo», hay en el cielo de la capital un sol amarillento y como enfermizo.

Prieto está de visita en la casa del senador Mariano Otero, en la calle de las Damas número 4. Llega de pronto la noticia: han asesinado al diputado jalisciense Juan de Dios Cañedo:

—¡Allá está en su cuarto de la Gran Sociedad, tirado en un mar de sangre! —les dice una voz descompuesta.

Relata Prieto en *Memorias de mis tiempos*:

> Con el terror en las almas y el espanto en los ojos salimos de la casa de Otero y corrimos al Hotel de la Gran Sociedad, atravesamos atropellando el gentío y nos encontramos en el lugar de la trágica escena. Era un cuarto amplio del primer piso, cuyo ancho balcón daba a la calle del Coliseo Viejo; en uno de los rincones se encontraba el catre del difunto, y en uno de los lados una amplia alacena que estaba medio abierta. En el centro de la pieza había una amplia mesa redonda, un tintero y rastros del lugar en que se escribía.
> El asesino o los asesinos de Cañedo le sorprendieron sentado, infiriéndole varias tremendas heridas, hasta que cayó en medio de

esfuerzos desesperados, derribado de la silla que ocupaba. Los facultativos que reconocieron el cadáver aseguraron que un hombre de estatura gigantesca y de fuerza extraordinaria era el asesino.

El cuerpo del diputado se hallaba en la habitación número 38. Los peritos contaron treinta y un puñaladas, varias de las cuales le fueron asestadas en el rostro. Cañedo tenía «las puntas de la corbata vueltas hacia atrás», lo que indicaba que había luchado desesperadamente: el asesino había tenido que asirse de la corbata para rematar su obra. Según *El Universal*, la mayor parte de las heridas había atravesado los huesos de la víctima, «y algunas de ellas hasta una profundidad verdaderamente asombrosa».

El único rastro dejado por el hercúleo asesino era un cuchillo roto en tres partes.

El Hotel de la Gran Sociedad se hallaba en la esquina que formaban la calle del Refugio —hoy 16 de Septiembre— y Coliseo Viejo —Isabel la Católica—. El edificio fue derribado a finales del siglo XIX. En ese mismo sitio, Porfirio Díaz inauguró, en julio de 1900, la ferretería más renombrada de México: la Casa Boker. En su fachada hay una placa en que se lee: «Aquí estuvo el Hotel de la Gran Sociedad, donde fue asesinado don Juan de Dios Cañedo el 29 de marzo de 1850».

Atravieso la ciudad de hoy y me detengo un momento frente a los aparadores inmensos de la ferretería. Un torrente de cuerpos habla, grita, calla, tose, pasa por esas calles. Es la esquina del caos. Registro jóvenes con audífonos, hombres que hablan por celular, paso de diablitos, bicitaxis, burócratas, secretarias, bodegueros, almacenistas, empleados de mostrador: vidas con rumbo desconocido. Hay un desfile de batas, mandiles, sacos, playeras, vestidos, pants, rompevientos. El *magazine* atroz de la moda urbana.

Intento imaginar la otra ciudad, la de los días de Prieto y Otero, la del asesinato de Juan de Dios Cañedo. La que se sacudió al día siguiente con los titulares de *El Siglo Diez y Nueve*: «Horroroso asesinato». Según el diario existían «grandes probabilidades» de que el crimen hubiera sido cometido «para robar, o bien alhajas y otros efectos de valor, o bien papeles interesantes».

En los días de su asesinato, Cañedo se hallaba envuelto, entre otros escándalos, en el huracán político que la sucesión presidencial había desatado.

Su principal adversario era el general Mariano Arista, fuerte aspirante a gobernar el país, y a quien el diputado demolía, con rabiosa elocuencia, una y otra vez desde la tribuna. Aunque se había convertido en diana del ingenio popular desde la tarde en que recibió un poder por parte de Antonio López de Santa Anna para que fuera a casarse en su nombre con la jovencísima Dolores Tosta —por eso le llamaban a sus espaldas «el Novio sin Novia», y Prieto le decía «el Amante Prestado»—, Cañedo concitaba las simpatías de un gran sector de la población. A los sesenta y cuatro años de edad, convertido en «un asceta de la política», según recuerda el historiador Salvador Rueda Smithers, el diputado era reconocido como un honesto liberal «que se abría paso trabajosamente frente a las poderosas corrientes conservadoras, frente a las instituciones y los hombres que defendían viejos privilegios».

Su muerte, que llegó acompañada de un viento helado, y del voraz incendio de una fábrica ubicada en la calle Ancha —Luis Moya—, impresionó hondamente a la ciudad y la pobló de rumores inquietantes. *El Universal* aseguraba que «registrado prolijamente el aposento y el equipaje del Sr. Cañedo, se encontraron alhajas de mucho valor y una cantidad de dinero en plata y oro». El móvil del crimen, aseguraba el diario, no era por lo tanto el robo. En cambio, «los papeles del Sr. Cañedo habían desaparecido casi todos».

El rumor más extendido indicaba que el general Arista había ordenado la ejecución del crimen para recuperar ciertos documentos que le comprobaban actos de traición y que Cañedo iba a presentar ante el pleno de la Cámara. El cuchillo roto, en realidad, había sido «sembrado» para confundir a la justicia.

Esto desató, desde luego, un tremendo terremoto político. El juez de la causa carecía, por lo demás, de todo indicio. Solo había un cuchillo roto que, bajo el efecto de los rumores, perdía rápidamente toda importancia. Para empeorar las cosas, una epidemia de cólera se apoderaba de la ciudad; en dicha epidemia moriría dos meses más tarde el senador Mariano Otero.

En el mes de junio se avisó de la detención, en el poblado de Temascaltepec, de un sujeto que traía puesta una camisa con las iniciales de Juan de Dios Cañedo. Su nombre era José María Avilés. Trabajaba como sirviente, aunque llevaba varios meses desempleado. Le había contado a una antigua amante lo ocurrido en el Hotel de la Gran Sociedad; ella tuvo miedo y decidió poner la información en manos de las autoridades.

Avilés admitió que había matado a cuchilladas a Cañedo para robarle unas talegas que supuestamente este tenía en su habitación. El negocio le fue propuesto por dos cómplices, sirvientes también, uno de los cuales era empleado del hotel y había visto las talegas: Rafael Negrete y Clemente Villalpando.

Salvador Rueda Smithers localizó el legajo de la causa criminal que contiene la relación de los hechos, tal y como la presentó ante el juez el fiscal Casasola:

> Como a las siete de la noche llegó Avilés al Hotel de la Gran Sociedad, e instruido por Negrete y Villalpando de que el Sr. Cañedo se hallaba solo porque su mozo había salido, convinieron en que aquel se introdujese en su cuarto, y después de haber asegurado al Sr. Cañedo les haría una seña para que entrasen a sacar el dinero y se lo repartiesen. Entró en efecto Avilés a dicho cuarto, quedando por fuera los vigilantes Negrete y Villalpando; cerró aquel la puerta con el picaporte y habiéndolo sentido el Sr. Cañedo que estaba acostado en un sofá, le reclamó ¿qué quería? a lo que Avilés le contestó imponiéndole silencio, pero continuando el Sr. Cañedo en dar voces y aún tirándole con una escupidera, Avilés comenzó a darle puñaladas con el cuchillo que llevaba preparado, hasta dejarlo muerto, habiendo llegado las heridas que le infirió al número de 39 [sic], y rompiendo después el cuchillo que quedó dividido en tres pedazos junto al cadáver.
>
> Abrió una cómoda, sacó algunas piezas de ropa blanca, el reloj que quitó al cadáver, un paletó, una capa y un sombrero con que se disfrazó y salió del cuarto dando aviso a sus compañeros, quienes parece entraron al cuarto y no encontraron el dinero que creían que existía allí y se retiraron confundidos y sobresaltados.

Avilés dijo que había obtenido seis pesos por las prendas en una casa de empeño. En marzo de 1851, él y Negrete fueron sentenciados a «la pena del último suplicio». A Villalpando, el otro cómplice, se le condenó a diez años de prisión en las tinajas de San Juan de Ulúa y se le obligó a presenciar la ejecución.

El 8 de marzo de ese año se levantó una horca en la calle del Espíritu Santo, justo debajo del balcón de la habitación número 38 del Hotel de la Gran Sociedad. El investigador Agustín Sánchez González cuenta que Avilés llegó al patíbulo sin aliento y medio desvanecido. Una gran multitud llenaba la calle, pero era tal el silencio que podía escucharse el vuelo de una mosca. Villalpando no resistió el espectáculo y se desmayó. Cuando todo hubo terminado la gente regresó a sus casas con el rostro pálido.

Ahora un organillero comienza a tocar una pieza del pasado. La gente se amontona en la esquina y el semáforo cambia de color.

«LOS PERITOS CONTARON TREINTA Y UN PUÑALADAS, VARIAS DE LAS CUALES LE FUERON ASESTADAS EN EL ROSTRO».

EL JOVEN BOTÁNICO WILHELM KNECHTEL

LAS MEMORIAS DEL JARDINERO DE MAXIMILIANO

Mangifera indica, el mango

UNA MADRUGADA LLUVIOSA EN EL PUERTO DE VERACRUZ

La ruta está llena de esqueletos y huesos de animales

1 8 6 4

SUFRE LA EXTRAÑEZA, LA NOVEDAD, LA FASCINACIÓN DE MÉXICO

LAS DOS GRANDES PASIONES DE LOS MEXICANOS SON EL PULQUE Y LOS JUEGOS DE AZAR

LOS LIBERALES ENTRARON EN LA CAPITAL Y EL IMPERIO DEJÓ DE EXISTIR

UN SITIO DE REPOSO PARA LA PAREJA IMPERIAL

Una fotografía de México

Los emperadores han requerido siempre de jardines que reflejen su grandeza y simbolicen su prestigio. Cuando Maximiliano aceptó el trono de México, no dudó en sumar a su séquito al joven botánico que había tenido a su cargo los jardines de Miramar. Wilhelm Knechtel tenía treinta y dos años la madrugada en que desembarcó de la fragata *Novara* en el puerto de Veracruz. Dominaba seis idiomas, era curioso, algo entrometido y solía tomar nota de todo lo que miraba. Anotó, por ejemplo, que el día en que Maximiliano y Carlota fueron a conocer el Castillo de Chapultepec, lo primero que la emperatriz vio fue la imagen de un soldado que, abstraído en la plantación de una cactácea, mostraba sin quererlo, a su ruborizada Majestad, la raya de las nalgas.

Knechtel escribió unas memorias que siglo y medio después de su llegada a México aparecieron por primera vez en español. Su título: *Las memorias del jardinero de Maximiliano* (INAH, 2012). El documento fue publicado originalmente entre 1906 y 1908 en una revista alemana. Constituye un relato enteramente nuevo sobre «la vida en México» entre 1864 y 1867, y se agrega al abanico de miradas que otros protagonistas —Paula Kolonitz, Samuel Basch, Alberto Hans, la princesa Salm-Salm y José Luis Blasio, el secretario particular de Maximiliano, entre otros— dedicaron a la «corona de sombras» que fue el Segundo Imperio.

Las memorias, género por lo regular despreciado en México, alientan una forma poderosa de literatura. Wilhelm Knechtel nos arrastra hacia un país que era tan desconocido para él como el siglo XIX lo es ahora para nosotros.

El jardinero desembarca una madrugada lluviosa en el puerto de Veracruz —nadie acude a recibir a la pareja imperial, lucen solos el malecón y los alrededores del embarcadero— y recibe la orden de adelantarse en diligencia a la capital del país, en donde va a efectuarse la recepción oficial del emperador. La primera sorpresa para el lector de hoy es la descripción del camino, que al mismo tiempo es la de todos los caminos de México en ese tiempo: la ruta está llena de esqueletos y huesos de animales reventados. «Cuando cae un caballo o una mula, es arrastrado unos pasos hacia la lateral y allí lo dejan sin enterrarlo. Y en seguida, los zopilotes se lanzan sobre el apacentamiento». Alguien le informa al jardinero que en México matar zopilotes está penado por la ley, pues estos «contribuyen a la limpieza de las ciudades».

Al igual que los viajeros de todas las épocas, Knechtel sufre la extrañeza, la novedad, la fascinación de México. Le escandaliza el estado del Palacio Nacional —«un venerable y viejo edificio con mil cien habitaciones», escribirá luego el propio Maximiliano—, en el que no hay una recámara digna de albergar a los nuevos gobernantes. En 1864, Palacio Nacional es una suma de cuartos vacíos y paredes sin adornos, donde viven «soldaderas y un montón de chusma». En ese mundo, mezcla de vecindad y antesala burocrática, se aglutinan los ministerios, el Correo, la imprenta estatal, la Casa de Moneda, además de museos, cuarteles, prisiones —y el jardín botánico—. El negligente general Almonte —se queja el jardinero— no tuvo la precaución de comprar siquiera el más modesto mobiliario.

Knechtel encuentra afuera del Palacio calles cubiertas de polvo y excremento, sin pavimentar; y en los suburbios, «edificios que parecen chozas». Le sorprenden los acueductos coloniales, llenos de reventazones, que derraman chorros de agua en sus puntos deteriorados; mira con interés a los aguadores y a esos escribanos públicos conocidos como «evangelistas», «a los que las damas confían los secretos más íntimos»; advierte que las dos grandes pasiones de los mexicanos son el pulque y los juegos de azar, y confiesa que las mujeres indígenas que cargan a sus pequeños en la espalda, «y les dan el pecho, en forma de botella, incluso por encima del hombro al caminar», le resultan chocantes. Imagen de un país: frente al arzobispado encuentra a un soldado que hace guardia; tiene «un rifle del siglo pasado, equipado con una impresionante llave cuyo elemento principal, la piedra de chispa, estaba ausente».

Como Juan de Vieyra un siglo antes, el viajero de 1864 se maravilla con la profusión de frutos desconocidos que, olorosos y brillantes, encuentra en el mercado del Volador. Botánico al fin, recorre los puestos consignando el nombre científico de los productos: *Persea gratissima*, el aguacate; *Pasiflora esculenta*, la granada; *Mangifera indica*, el mango —más tarde llamará *Taxodium distichum* a los ahuehuetes de Chapultepec.

Maximiliano y Carlota hacen su entrada a la ciudad el 12 de junio de 1864, a través de una sucesión de arcos triunfales a medio terminar —solo serán concluidos dos semanas más tarde, «cuando el suceso ya pasó»—. Aunque todas las casas están adornadas con flores, el jardinero real advierte «poco entusiasmo espontáneo y mucha indolencia». El pueblo apenas se divierte con los fuegos artificiales que representan la fragata Novara y el castillo de Miramar.

Maximiliano odiará también aquel Palacio donde se siente «como encarcelado». Las chinches no lo dejan dormir. El ruido de la plaza y el tañer de las campanas le impiden el descanso. A tres días de su llegada, en compañía de su arquitecto —Julius Hofmann— y de su jardinero, llega a Chapultepec a planear las remodelaciones que habrán de convertir el edificio en residencia imperial —Miravalle: el equivalente americano de Miramar—. Sus Majestades descubren con desaliento que el Castillo, abandonado desde la invasión norteamericana, tiene las paredes descarapeladas, los pisos llenos de agujeros, las cerraduras arrancadas de las puertas. Recelo, indiferencia, atraso, abandono: ese es el imperio que han de gobernar.

Knechtel recibe la encomienda de diseñar un jardín privado lleno de árboles y plantas raras, exóticas, plagadas de florescencias: el Schönbrunn de México. Escribirá Manuel Payno: «En las cuentas de la lista civil, aparecen cada mes sumas de cuatro, de seis, de ocho y hasta de once mil pesos, gastados en los jardines de Chapultepec». Sumergido en la tarea de materializar los sueños del emperador, el jardinero real permanece ajeno a la realidad política que mantiene al país en llamas. La guerra contra la intervención es algo que resuena vagamente en sus memorias, mientras él hace anotaciones sobre la flora y el clima, acompaña a Maximiliano en sus viajes por Orizaba, Jalapa, Tlaxcala y Puebla, y realiza excursiones de exploración botánica en Tacubaya, Xochimilco, Teotihuacan, Azcapotzalco.

Knechtel advierte, sin embargo, que en algunos momentos de angustia, prefigurando su locura futura, la emperatriz se pasea silenciosa, con las manos en la espalda y la punta de un pañuelo colgándole de la boca. «Todas las puntas de sus pañuelos las había agujerado, royendo», escribe Knechtel.

Por orden del emperador, el jardinero viaja a Cuernavaca con la instrucción de levantar, a la sombra de los plátanos y sin alterar la naturaleza, un nuevo sitio de reposo para la pareja imperial.

De ese modo llega el fin. En uno de sus viajes a la Ciudad de México, descubre que se han abierto incontables casas de juego. Alguien le indica que siempre ha sido así, que la ciudad se llena de garitos «cuando la situación política del país indica un cambio de gobierno», que la búsqueda de la fortuna a través del azar es la reacción espontánea ante la zozobra: el ansiolítico ante los desarreglos políticos.

En otro viaje —Carlota ha enloquecido después de su entrevista con Napoleón III y el papa Pío IX; Maximiliano ha salido ya rumbo a Querétaro— descubre que las plantas más bellas y exóticas del jardín de Chapultepec fueron robadas y que el ministro de la Casa Imperial, Carlos Sánchez Navarro, adelantándose al derrumbe del imperio, ordenó que las trasplantaran a los jardines de su propio domicilio.

El 21 de marzo de 1867, Maximiliano ordena que sus archivos sean llevados a Veracruz y que todo lo que resulte demasiado voluminoso o demasiado insignificante sea quemado. Knechtel queda atrapado en la Ciudad de México, y en la parte climática de sus memorias, consigna día por día las noticias, los rumores, el cierre de comercios, la escasez de alimentos, el tronar de los cañones que acompaña el sitio de México:

> Aunque las calles de la ciudad quedaron desiertas y tristes debido al cierre de los comercios, en la Alameda se desarrolla un animado ir y venir de paseantes al son de la banda de música de los Húsares Rojos […] Es un fenómeno bastante raro; aquí hay entretenimiento, mientras los cañones tiran sus proyectiles sobre la ciudad desde las garitas, y los truenos cubren la música sonora de la charanga.

Todo ha terminado. El 21 de junio de 1867, el jardinero real escribe: «Hoy en la mañana, los liberales entraron en la capital y el imperio dejó de existir. Nunca en mi vida he estado tan triste y deprimido como hoy al enterarme de la noticia de que habían fusilado al emperador el 19 de junio a las siete de la mañana en Querétaro».

En las calles, las damas de sociedad visten de luto, «como manifestación explícita» contra la muerte de Maximiliano. Pasan carretas con carne filetea-da, para que cualquiera se sirva un trozo gratuitamente y recupere las fuerzas después de los días de hambre que dejó el sitio. Los conservadores se es-conden. Comienza la desbandada de la aristocracia imperial. Knechtel logra cruzar las garitas, rumbo a Veracruz. «Así cayó el telón», escribirá después.

Muchos años más tarde, aquellas notas destinadas al futuro permiten que los lectores del siglo XXI viajen en sentido inverso hasta llegar a él y caminar a su lado en el interior de un nuevo retrato, una fotografía de México.

UN REPERTORIO DE PASADOS POSIBLES

LAS BALAS Y LAS BOMBAS QUE SURCABAN EL CIELO DE LA CIUDAD

El año de la Decena Trágica

MI MONEDA ATRAVESÓ VIDAS, DESEOS, GUSTOS, SENTIMIENTOS

El día del cuartelazo

1913

TUVE SUEÑOS EXTRAÑOS

CARTAS DE AMOR, FLORES SECAS, BOLETOS DE TREN E INCLUSO FOTOGRAFÍAS

VICTORIANO HUERTA PASABA EL DÍA RECORRIENDO LAS CALLES A BORDO DE UN AUTOMÓVIL CERRADO

UNA MONEDA DE PLATA DE 50 CENTAVOS

LAS MANOS MANCHADAS DE SANGRE

Historia de
una moneda

En una numismática del Centro hallé una moneda de plata de cincuenta centavos, fechada en 1913. El año de la Decena Trágica. El año del asesinato por la espalda de Madero y Pino Suárez, de la llegada al poder de Victoriano Huerta y de los meses aciagos en los que un centenar de opositores al régimen usurpador fueron ejecutados o desaparecidos.

Decidí comprarla. La guardé en mi cartera y, durante las dos o tres noches siguientes, tuve sueños extraños.

Cuando uno compra un libro en una librería de viejo, suelen aparecer marcas y anotaciones que dejan entrever un poco, solo un poco, el pasado del volumen. A veces aparece en la primera página el nombre de su propietario. En las tardes de suerte aparecen también cartas de amor, flores secas, boletos de tren e incluso fotografías. Podemos saber si el libro que hemos adquirido perteneció a un hombre o a una mujer, si ese hombre o esa mujer estaban enamorados mientras lo leían o si viajaron, con él en la mano, hacia una ciudad, una playa, un destino cualquiera.

No sabemos nada, sin embargo, acerca del pasado de una moneda. Procede de un lugar tan misterioso como el sitio al que se dirigirá.

¿Qué vidas atravesó la que yo compré aquella tarde? En 1913, el año en que fue acuñada, Victoriano Huerta pasaba el día recorriendo las calles a bordo de un automóvil cerrado. Como había llegado al poder con las manos manchadas de sangre, temía que a cualquier otro se le ocurriera imitar aquel método de acceso al poder. De modo que procuraba no ir mucho al Palacio Nacional, donde sería fácil cazarlo —fue ahí donde Aureliano Blanquet, su esbirro, prendió a Madero—. Huerta prefería pasar los días dentro de un auto, sumergido en una fuga alcohólica que iba de la Juárez a la San Rafael, y de ahí a Popotla.

José Emilio Pacheco cuenta que el usurpador citaba a sus ministros y a sus generales en las esquinas, para resolver, borracho, a quién matar —sus biógrafos dicen que odiaba a los extranjeros, a menos que estos se apellidaran Hennessy o Martell.

En ese contexto la moneda debió llegar al bolsillo de alguien. Ese alguien pudo estar del lado bueno o del lado malo de las cosas. Aquellos cincuenta centavos pudieron servir para pagar el sueldo de uno de los soldados que el día del cuartelazo defendieron el gobierno legítimo de Madero, o para pagar el tequila y la marihuana con que Félix Díaz y Manuel Mondragón premiaron a la soldadesca que se sumó al golpe militar.

Borges sostiene que nada hay menos material que el dinero: que una moneda es, en rigor, un repertorio de futuros posibles: «Puede ser una tarde en las afueras, puede ser música de Brahms, puede ser mapas, puede ser ajedrez, puede ser café, puede ser las palabras de Epicteto, que enseñan el desprecio del oro».

Esta moneda es también un repertorio de pasados posibles. ¿La tuvo uno de los que fueron acribillados en el Zócalo la mañana del 9 de febrero —aquel «Febrero de Caín y de metralla» en que Alfonso Reyes perdió a su padre— o estuvo en la bolsa de algún ciudadano que quedó atrapado durante diez días —sin poder comprar nada con ella— bajo las balas y las bombas que surcaban el cielo de la ciudad?

Como el Zahir de Borges, la moneda fue acaso un pastelillo en El Globo, una cerveza Toluca en el bar La Ópera, un boleto de cine en el Salón Rojo, una propina en el restaurante Sylvain, una dejada de taxi al final de un paseo entre los árboles de Reforma.

A cada instante de 1913 le puede corresponder otro instante en el que estuvo presente esta moneda, y eso me intriga y me fascina, y en algunos momentos me perturba. Borges descubrió que el dinero puede simbolizar el libre albedrío. En aquel año lejano, con estos cincuenta centavos entre los dedos, alguien pudo elegir entre un vigésimo de lotería, unos cigarros Alfonso XIII, unas pastillas del doctor Richards —«para curarse de los eructos agrios»—, una leche malteada de Horlick —«el alimento más completo para los enfermos»— o unas cápsulas de quinina marca Pelletier —«contra fiebres y resfriados».

En todo caso, mi moneda atravesó vidas, deseos, gustos, sentimientos, mientras un borracho a bordo de un auto decidía asesinatos y desapariciones, y la Ciudad de México se hundía en la noche temblando de miedo.

Algo de todo eso habrá quedado en estos cincuenta centavos de plata. Tal vez, como en el cuento de Borges, será mejor perderla para que, en un repertorio de futuros posibles, alguien la tenga y le imagine otra historia.

1913

«ESTA MONEDA ES TAMBIÉN UN REPERTORIO DE PASADOS POSIBLES».

LOS GRINGOS IMPUSIERON EL HUMO DE LAS FÁBRICAS Y EL HUMO DE LOS AUTOS

Focos permanentes de pestilencia

HAY PUNTOS ESPECÍFICOS EN LOS QUE LA CIUDAD HUELE AL SIGLO XVI

CONVERTIMOS LOS CIELOS EN ESA BRUMA PLOMIZA QUE MUERDE LA PARTE ALTA DE LOS EDIFICIOS

El efímero mundo de los olores no deja huella en la historia

1 8 8 7

LA HEDIONDEZ DE LA SANGRE PODRIDA

LA ESQUINA DE AVENIDA JUÁREZ Y EJE CENTRAL

REFORMA Y BUCARELI

ÁLVARO OBREGÓN Y CUAUHTÉMOC

EL OLOR Y EL SABOR SIGUEN MUCHO TIEMPO EN LA MEMORIA

Del olor en la Ciudad de México

ay puntos específicos en los que, no se sabe debido a qué misterios de la ingeniería subterránea, la ciudad huele al siglo XVI. Esos puntos están, por decir algo, en la esquina de Avenida Juárez y Eje Central, en Reforma y Bucareli, en Álvaro Obregón y Cuauhtémoc. Quién sabe qué cosas corran ahí bajo el asfalto, pero el olor que surge de las coladeras hace de estos lugares túneles que comunican con el tiempo en que el marqués de Branciforte gobernaba el virreinato. El escritor alemán Patrick Süskind afirma en su novela *El perfume*, que el efímero mundo de los olores no deja huella en la historia. Habría que llevar a este escritor a los sitios arriba mencionados: regresaría feliz de haber comprobado que las coladeras son túneles que el hombre inventó para viajar en el tiempo, pero sobre todo estaría de acuerdo con su colega Marcel Proust, para quien el olor era más perdurable que los edificios y los monumentos: «el olor y el sabor siguen mucho tiempo en la memoria, como almas, recordando, aguardando, esperando sobre la ruina de todo lo demás...».

En 1521, luego de la caída de Tenochtitlan, los españoles jubilaron a Ehécatl, dios del viento, y desde entonces las tareas que realizaba este venerable anciano, quedaron en manos de alguna subsecretaría que, definitivamente, no ofrece resultados. Porque desde entonces —y aunque el aire no es tomado en cuenta a la hora de explicar los procesos sociales—, la historia de la Ciudad de México es, de algún modo, la historia de cómo esta ciudad se ha dedicado a combatir su olor: un Serge Gruzinski aún ignoto contará algún

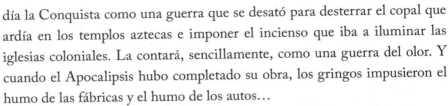

día la Conquista como una guerra que se desató para desterrar el copal que ardía en los templos aztecas e imponer el incienso que iba a iluminar las iglesias coloniales. La contará, sencillamente, como una guerra del olor. Y cuando el Apocalipsis hubo completado su obra, los gringos impusieron el humo de las fábricas y el humo de los autos…

Aunque los libros de historia no lo dicen, desde que el padre Motolinía legó una visión pavorosa de la ciudad recién conquistada por los españoles —los cadáveres se descomponían al sol, incluso, la ropa de los soldados empezaba a oler a pudrición—, el olor se convirtió en el gran problema de México.

Véase la descripción que otro cronista, el doctor José María Marroqui, dejó de la ciudad colonial: según su relación, en el zócalo de los siglos XVI y XVII se mataba y desollaba a los animales que alimentaban la urbe «sin atender a la molestia que resultaba de la hediondez de la sangre podrida, del copioso número de moscas que allí se oreaban y de los muchos perros que en pos de los desperdicios acudían al mismo sitio». Ahí, según las *Noticias* de don Francisco Sedano, se hallaban los lodazales y charcos del beque público, donde la gente hacía sus necesidades a la vista de los demás, y desde donde volaban las moscas «para posarse en las frutas y en las fritadas al aire libre».

Esto, con la costumbre de arrojar el excremento por las ventanas, y dejar que se acumularan los desperdicios en canales y calles, llevó, en los años finales del siglo XVIII, al conde de Revillagigedo a establecer el servicio de limpia —dos carretones: uno que recogía basura, otro que recogía desechos animales y humanos—, lo que no impidió que, para salir a la calle, las mujeres se vieran obligadas a cubrirse la nariz con un pañuelo empapado en benjuí. De hecho, los diarios de todo el siglo siguiente están poblados de quejas contra «los miasmas insalubres y deletéreos» que flotaban en las calles de la capital.

Todavía el 23 de marzo de 1887 se leía en *La Nueva Iberia* que «las atarjeas sin declive ni corriente, y las acequias y canales de agua estancada y cenagosa que circundan la ciudad por todos los vientos son focos permanentes de pestilencia».

Creímos terminar con todo aquello cuando se inauguró la primera red del drenaje. Hoy sabemos que el siglo XVI no ha terminado, que sigue flotando en las calles.

No importa que hayamos convertido la ciudad en un bosque subterráneo de cañerías, no importa que hayamos convertido los cielos en esa bruma plomiza que muerde la parte alta de los edificios. Caminar por Juárez y Eje Central o por Reforma y Bucareli es tener un sentido de continuidad, de solidaridad fatal con nuestro pasado.

1887

La Plaza Mayor de la
época virreinal

BAJO UN AGUACERO PROVERBIAL

INICIÓ EL REMOZAMIENTO URGENTE DE LA PLAZA

VINIERON OTROS ZÓCALOS

Santa Anna hizo demoler El Parián

1 8 4 3

EL ASTA BANDERA ERIGIDA DURANTE EL GOBIERNO DE ERNESTO ZEDILLO

EN LO ALTO DEL PALACIO NACIONAL ONDEA LA BANDERA DE LAS BARRAS Y LAS ESTRELLAS

¡LA COLUMNA SERÍA MÁS ALTA QUE LAS TORRES MISMAS DE LA CATEDRAL!

FUERON HALLADOS LA ESCULTURA DE COATLICUE, LA PIEDRA DEL SOL Y LA PIEDRA DE TÍZOC

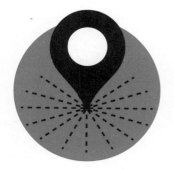

Su Alteza bajo nuestros pies

Hay una vista de la Plaza Mayor de la Ciudad de México en 1847. Fue realizada poco después de la violenta entrada del Ejército estadounidense a la capital del país. En lo alto del Palacio Nacional ondea la bandera de las barras y las estrellas —izada por el capitán Roberts el 14 de septiembre de aquel año—. En el centro de la plaza aparece una construcción circular en cuyo centro existe, al parecer, una fuente.

Esa construcción circular es el zócalo de un fallido monumento a la Independencia que el presidente Antonio López de Santa Anna pensó erigir y no logró concretar.

En 1842, Santa Anna —presidente de México por octava ocasión— hizo demoler un mercado que se hallaba en la plaza principal de la ciudad, en el que se vendían libros, ropa usada, fierros viejos y algunos artículos de seda y porcelana. Se le conocía como El Parián.

Un bando publicado a fines de ese año ordenó que El Parián fuera destruido porque «afea del todo la belleza y sorprendente vista que debe presentar dicha plaza principal».

A mediados de 1843, el gobierno santanista organizó un concurso. Los interesados debían enviar un proyecto para la construcción de un monumento que recordara «las acciones heroicas y campañas relativas a la Independencia mexicana».

El trabajo elegido por los jueces de la Academia de San Carlos fue el de un arquitecto francés, Enrique Griffon. El proyecto, sin embargo, no resultó del agrado del Vencedor de Tampico —aún no se hacía llamar Su Alteza

Serenísima—, y la obra se adjudicó al favorito del régimen: el infortunado arquitecto Lorenzo de la Hidalga.

En México ha habido arquitectos con mala suerte, de los que a lo largo de trescientos años trabajaron en la construcción de la Catedral solo recordamos los nombres de unos cuantos. Y sin embargo, ninguno tuvo el sino de De la Hidalga. Hizo el imponente Teatro Nacional, que demolieron para ampliar 5 de Mayo. Hizo el mercado de El Volador, que se quemó en 1870. Fabricó un ciprés —o altar mayor— que estuvo más de un siglo en el crucero de la Catedral Metropolitana, y lo tiraron en 1943. Hizo también el proyecto de un Monumento a la Independencia que iba a estar en la Plaza Mayor: a Santa Anna le encantó la propuesta del arquitecto, pero —como se decía entonces— «las circunstancias políticas impidieron su construcción»: el general renunció en octubre de 1843 y fue sustituido por Valentín Canalizo, a quien la guerra con Estados Unidos se le venía encima y no tenía la menor gana de terminar ni ese ni ningún otro monumento.

En una estampa atribuida a Pedro Gualdi se aprecia cómo habría quedado el monumento: ¡sería más alto que las torres mismas de la Catedral!

Pero usted sabe, las circunstancias políticas.

En imágenes publicadas después de 1850 ya no aparece el basamento sobre el que iba a construirse la columna —gracias a la cual llamamos «Zócalo» a la vieja Plaza Mayor—. Nadie se preocupó por contarnos qué había sido de esta. En México rara vez nos preguntamos esas cosas.

Vinieron otros Zócalos: el Zócalo arbolado de Maximiliano, el Zócalo lleno de tranvías de don Porfirio, el Zócalo delimitado por los Pegasos que finalmente fueron a parar frente a Bellas Artes, el Zócalo con palmeras de Miguel Alemán, el Zócalo de piedra, completamente desnudo, de Ernesto P. Uruchurtu, que es el Zócalo que conocemos desde 1957 y cuya máxima novedad es el asta bandera erigida durante el gobierno de Ernesto Zedillo.

Luego de medio siglo sin cambios, un día de 2017, el gobierno de la ciudad inició el remozamiento urgente de la plaza.

También cuando el conde de Revillagigedo gobernaba el virreinato se hizo un remozamiento urgente de la plaza; en realidad, un trabajo de nivelación. En menos de seis meses fueron hallados, bajo las piedras de la Plaza Mayor, la escultura de Coatlicue, la llamada Piedra del Sol, y también la Piedra de Tízoc.

Esta vez no tenía por qué ser diferente. A solo treinta centímetros de profundidad, estaba el zócalo de Santa Anna: una plataforma circular, de ocho metros de diámetro, rodeada por un patio de tres metros de ancho.

Voy atravesando el Zócalo bajo un aguacero proverbial. Camino entre los charcos, entre el lodo resbaladizo de la obra. Miro la plataforma de basalto y riolita. Toco esas piedras: son las mismas que aparecen en la estampa de Pedro Gualdi, realizada hace más de ciento setenta años. El parecido es tal que me escandaliza. Tengo frente a mí el modelo de una litografía: el verdadero Zócalo. El Zócalo que pisotearon los gringos.

El patio que rodea la plataforma recién descubierta luce viejo, gastado, quebrado. Le pregunto al arqueólogo Ricardo Castellanos qué es eso que estamos pisando.

Me dice:

—La Plaza Mayor del siglo XIX. Tal vez estamos pisando lo único que queda de la Plaza Mayor de la época virreinal.

Llueve como el demonio. Los dos estamos tiritando.

Pero estoy seguro de que no es por la lluvia.

Vista del Zócalo capitalino desde lo alto de la Catedral Metropolitana hacia finales del siglo XIX. Al fondo se alcanza a ver el antiguo edificio del Ayuntamiento y del lado derecho, el Portal de Mercaderes, casi enfrente de la terminal de los tranvías de mulitas.

EL PRIMER TAXÍMETRO

Relojes que marcaban la tarifa

LOS CHOFERES DEBÍAN PRESENTARSE A TRABAJAR SIN VICIO DE EMBRIAGUEZ

LOS PRIMEROS TAXIS PIRATAS

La cartilla prohibía que los coches tuvieran persianas

1793

EL COCHERO DEBÍA IR MONTADO EN UNA MULA

RUEDAS DE MADERA PINTADAS DE ROJO, UN MEDALLÓN EN LA PARTE TRASERA

PORTAL DE MERCADERES

SE LAS VEÍAN NEGRAS EN LA TEMPORADA DE LLUVIAS

EL VIAJE COSTABA CUATRO REALES LA HORA

Los taxistas en la Nueva España

En 1793, el periodista Manuel Antonio de Valdés solicitó al virrey Revillagigedo un permiso para establecer la primera base de coches de alquiler de la Ciudad de México. De Valdés era el editor de la *Gaceta de México* y el hombre que introdujo en el periodismo novohispano el «Aviso Oportuno». Tenía un ojo extraordinario para hallar ventanas de oportunidad. El virrey firmó la autorización el 6 de agosto de ese año. Los primeros ocho «taxis» de la capital comenzaron a circular tres meses después. Dos de ellos hacían sitio frente al Portal de Mercaderes, «cerca de la esquina donde se ponía el cartel del teatro». Otros dos hacían guardia en la plazuela de Santo Domingo, frente a la temible Inquisición. Dos más se apostaron frente al Palacio Arzobispal de la calle de Moneda y los dos últimos aguardaron a sus clientes en el número 12 de la calle de Zuleta —hoy Venustiano Carranza—, donde se abrió la llamada Casa de Coches de Providencia.

Luis González Obregón hizo una curiosa descripción de aquellos viejos carromatos: tenían ruedas de madera pintadas de rojo, un medallón en la parte trasera, en el cual constaba el número del coche, y un farolillo en la delantera, que se debía encender, para alumbrar el paso, luego de las oraciones.

Los coches llevaban dentro un reloj, bisabuelo del taxímetro, para que los clientes estuvieran enterados del momento en que se tomaba y se dejaba el carruaje. El viaje costaba cuatro reales la hora.

En aquellos primeros carruajes no había pescante, así que el cochero debía ir montado en una de las mulas que formaban el tronco. Los taxistas de la prehistoria se las veían negras en la temporada de lluvias.

Según Manuel Orozco y Berra, en 1802 rodaban por las maltrechas calles de México unos treinta coches de Providencia.

Una «cartilla para coches de alquiler» expedida por el Ayuntamiento en 1834 deja entrever los pequeños grandes problemas de la vida cotidiana en el siglo XIX. La cartilla prohibía, por ejemplo, que los coches de Providencia tuvieran persianas, para evitar que en su acolchado interior se cometieran actos indecentes —en el Porfiriato, los coches de alquiler llegaron a fungir como hoteles de paso—. No permitía, tampoco, que los carruajes transportaran de noche muebles o dinero —pues en aquellos años, cuenta un cronista, «los robos se cometían a mansalva»—. Se prohibía a los cocheros trasladar apestados o enfermos de epidemia, aunque se les autorizaba a llevar, a toda hora, heridos y accidentados.

Aunque «la urbanidad es la que debe decidir las dudas sobre a quién debe preferirse en caso de ocurrir dos personas a un propio tiempo a tomar los coches», se recomendaba al cochero elegir «al primero que tome la llave de la portezuela». En caso de igualdad de circunstancias, «decidirá la suerte si no lo hiciere la urbanidad».

Los choferes debían presentarse a trabajar «sin vicio de embriaguez y aseados en sus vestidos» —multa: ocho días de grillete en las obras públicas—. No estaban autorizados a negar el servicio «a pretexto de que estaban cansadas las mulas», ni a pedir propina, gratificación, refresco, gala ni otro gaje, ni siquiera «por haber sufrido al mojarse».

No podían buscar pasajeros fuera del sitio y no podían ocurrir, después de las oraciones, a lugares en los que no hubiera alumbrado. Debían pagar un real cada mes, para que los barrenderos limpiaran los excrementos de las mulas.

Ya existían en aquel tiempo los primeros taxis «piratas». El reglamento preveía una sanción de cincuenta pesos la primera vez que se les sorprendiera, de cien a la segunda y de pérdida tanto del coche como de las mulas a la tercera.

La queja más frecuente en esos días era que los relojes que marcaban la tarifa se atrasaban o se adelantaban, y algunas veces superaban, como diría Mark Twain, a los más rápidos de la ciudad.

El 10 de agosto de 1911, ciento veinte años después de la llegada de los coches de alquiler a la Ciudad de México, el primer taxímetro sustituyó a aquellos anticuados relojes. A los vehículos de alquiler se les impuso, abreviado, un nuevo nombre: «taxis».

A veces, la intercesión de la Providencia sigue siendo necesaria para encontrar desocupado alguno.

LA CIUDAD TIEMBLA DE PAVOR

UNA DE AQUELLAS MOMIAS PODRÍA SER LA DE FRAY SERVANDO TERESA DE MIER

Catorce momias horrorosamente convulsionadas

1 8 6 1

GRAN PANÓCTICUM DE LA INQUISICIÓN

EL RASTRO DE LOS ESPANTOSOS DIFUNTOS NOVOHISPANOS VOLVERÍA A PERDERSE

SACA A LA VENTA LAS MOMIAS

LA GENTE COMENZÓ A LLAMAR SEPULCROS DE SANTO DOMINGO A LA VÍA QUE CORRÍA A UN LADO DEL CONVENTO

TRISTES RESTOS DE UN PASADO TENEBROSO

Las momias de Santo Domingo

1861: La Ciudad de México es un inmenso paisaje en ruinas. Las órdenes monásticas han sido extinguidas y los viejos conventos son demolidos. Entre montones de escombros, un grupo de arquitectos —Albino Herrera, José María Márquez, Miguel Bustamante— traza nuevas calles en el sitio en donde antes hubo edificios religiosos. La gente mira las ruinas con horror. A la ciudad deshecha la atraviesan historias extrañas. En el convento de la Concepción han aparecido cuarenta mil pesos que las hermanas de la Caridad enterraron en un corral, bajo montañas de estiércol. En los cementerios de otros conventos son hallados cálices, custodias y copones de oro que los religiosos ocultaron y no pudieron rescatar antes de ser exclaustrados.

El 19 de febrero, la ciudad tiembla de pavor. Al echar por tierra los muros del convento de Santo Domingo, el interventor del edificio descubre catorce momias horrorosamente convulsionadas. Los periodistas se amontonan en la capilla fúnebre donde aquel conjunto de cuerpos secos es expuesto a la curiosidad pública. Los hombres de la Reforma deciden aprovechar políticamente el hallazgo y expanden el rumor de que se trata de catorce torturados por la Inquisición.

Un reportero de *El Siglo Diez y Nueve* escribe: «La actitud violenta que guardan, la congojosa expresión de su gesto y las contracciones musculares que conservan dan a conocer que jamás fueron sepultadas en un ataúd las que a todas luces fueron víctimas de los crímenes sacerdotales de la Inquisición».

No se habla de otra cosa por aquellos días. Se inventan mil consejas, «hijas todas de la ignorancia, amamantadas algunas por la mala fe», según escribe el cronista José María Marroqui.

El pueblo hace fila frente a la capilla para ver a «los emparedados vivos»: «Todos opinan que aquellos esqueletos han pertenecido a desgraciados que fueron sepultados en vida […] Lléguense los curiosos a ese asilo de los inquisidores y se convencerán, como nosotros, de que es el momento de la asfixia y las congojas anexas al terrible suplicio del emparedamiento, las que han dejado tan espantosas huellas en aquellos espectros», relata un imaginativo periodista.

Algún diario observa que uno de los grandes precursores de la Independencia, fray Servando Teresa de Mier, fue sepultado en el convento de Santo Domingo y que una de aquellas momias —la cual había aparecido con las ropas deshechas y largas madejas de cabello gris— podría ser la suya. La noticia lleva a centenares de curiosos a las puertas del exconvento.

En junio de ese año, para allegarse algunos pesos, el gobierno de Benito Juárez saca a la venta las momias. El comprador es un empresario circense, Bernabé de la Parra, quien se dice interesado en exhibirlas en las principales capitales de Europa.

Nada se sabe de las momias hasta el 12 de octubre de 1882, veintiún años más tarde.

Un corresponsal del periódico *El Monitor Republicano*, de paso en Bruselas, es atraído por un letrero que anuncia: «Gran Panócticum de la Inquisición. Tristes restos de un pasado tenebroso». En un jacalón de feria, encuentra a las momias.

«Los cadáveres —escribe— se encuentran en muy buen estado de conservación; son notables por el tamaño; uno de ellos conserva los zapatos y las medias, y todos están vestidos con las ropas con que los sepultaron».

Bernabé de la Parra se había deshecho de los cuerpos. Su nuevo propietario era un misterioso doctor llamado Joseph Thunnus. El catálogo del Panóptico presentaba así a las momias:

> **Núm. 88.** Momia de una persona que sufrió el tormento de fuego, puestos los pies en un brasero.
>
> **Núm. 89.** Momia natural de una persona que sufrió el tormento del agua.
>
> **Núm. 40.** Momia natural de una persona que sufrió la cuestión de la rueda.

Núm. 41. Momia natural de una persona que sufrió el tormento de la pena de angustia, instrumento que le torció los nervios de la cara, por cuya causa ya no podía cerrar la boca.

El rastro de los espantosos difuntos novohispanos volvería a perderse, esta vez para siempre. El 13 de agosto de 1895, *El Siglo Diez y Nueve* afirmó que los restos de fray Servando se hallaban en un museo de Buenos Aires y que el Gobierno mexicano haría los trámites necesarios para repatriarlos.

No sucedió.

La aparición de las momias emparedadas dio origen a uno de los nombres más bellos y misteriosos de las antiguas calles del Centro: desde 1861, la gente comenzó a llamar Sepulcros de Santo Domingo a la vía que corría a un lado del convento.

En 1921, sin embargo, el gobierno de Álvaro Obregón, deseoso de homenajear a los países latinoamericanos que venían a las fiestas del Centenario, rebautizó la calle con un nombre anticlimático: República del Brasil.

Fachada del Templo de Santo Domingo en la Ciudad de México con daños por el sismo de septiembre de 2017.

CHARLES LATROBE IMPUSO A LA CAPITAL EL TÍTULO DE LA CIUDAD DE LOS PALACIOS

Una veintena de palacios señoriales

LAS ESCALINATAS DE INSÓLITA BELLEZA

CARROZAS CON MUJERES DESCOTADAS Y PELUCAS BLANCAS

Un hombre de mucho tren y demás ínfulas

1 8 3 4

MIEMBRO DE UNA GENERACIÓN DE CRIOLLOS ILUSTRADOS

UN ARQUITECTO TRAMA SOLUCIONES APLAUDIDAS DURANTE DOS SIGLOS

UNA OBRA ÚNICA Y GENIAL DE LA ARQUITECTURA NOVOHISPANA

ESE SUEÑO SIGUE LATIENDO EN LA CIUDAD

AQUELLOS EDIFICIOS HABÍAN SIDO IMAGINADOS POR UN SOLO HOMBRE

La Ciudad de los Palacios

En 1834, un viajero inglés recorrió las calles de la Ciudad de México y tuvo la misma impresión que Bernal Díaz del Castillo tres siglos antes: sintió que atravesaba un sueño.

Aquel viajero inglés se llamaba Charles Latrobe. Fue él quien impuso a la capital el título que la acompaña desde entonces —y que muchos atribuyen, equivocadamente, al barón de Humboldt—: la Ciudad de los Palacios.

Después de recorrer lo que entonces se llamaba «las casas grandes» de la ciudad, de contemplar una veintena de palacios señoriales construidos con rojo tezontle y labrada cantera, de maravillarse con el atrevido alarde de los patios, los arcos, los balcones, las escalinatas de insólita belleza, Latrobe acuñó el término «Ciudad de los Palacios» en una de las cartas recopiladas en el libro *The Rambler in Mexico*, hoy completamente olvidado.

Nadie le dijo que aquellos edificios que lo habían maravillado, y que en 1834, el año de su viaje, no tenían más que medio siglo de vida, habían sido imaginados por un solo hombre: el arquitecto de moda a fines del siglo XVIII, el artífice que imprimió su propio sello en las casas más importantes de la urbe y creó lo que podría llamarse «el estilo de la ciudad»: el código arquitectónico que hizo excelsa a la Ciudad de México.

En menos de veinticinco años, Francisco de Guerrero y Torres construyó el Palacio de Iturbide, en la calle de Madero; el de los condes de San Mateo de Calimaya, sede actual del Museo de la Ciudad de México; el caserón suntuoso de los marqueses de San Mateo de Valparaíso, en Isabel la Católica y Venustiano Carranza, y las espléndidas casas gemelas del Mayorazgo de Guerrero, en la esquina de Moneda y Correo Mayor.

Parece demasiado, pero Guerrero y Torres tuvo tiempo para diseñar y construir el templo de la Enseñanza, esa maravilla afiligranada de la calle de Donceles, y para levantar la sublime Capilla del Pocito, una obra única y genial de la arquitectura novohispana.

A este arquitecto se le han llegado a atribuir también las casas de los condes de Heras Soto —esquina de Chile y Donceles— e incluso el regio palacete que en la actual Madero se hizo construir el rico minero José de la Borda.

Qué cosa más inquietante: un arquitecto trama soluciones aplaudidas durante los dos siglos siguientes, mientras afuera pasan carrozas con mujeres descotadas y pelucas blancas.

Del hombre que construyó el rostro visible de la ciudad no queda, sin embargo, un solo retrato. En un documento del Ayuntamiento se le describe «de cuerpo regular, trigueño, ojos azules y con una cicatriz junto a la barba». Un contemporáneo suyo, José Antonio Alzate, lo definió como un hombre de «mucho tren y demás ínfulas».

Según la versión de Alzate, el célebre arquitecto se había convertido en un pedante. Lo cual no es extraño: solicitado por nobles, obispos, hacendados, mineros y órdenes religiosas, Guerrero y Torres debió poseer una personalidad soberbia y altanera, acaso como la que imprimía en sus obras.

El investigador Joaquín Berchez asegura que este arquitecto, miembro de una generación de criollos ilustrados en la que además de Alzate militaron José Ignacio Bartolache y Joaquín Velázquez de León, inventó alguna vez una máquina para apagar incendios y formó parte del grupo de estudiosos que fijó la latitud y longitud de la Ciudad de México.

Guerrero y Torres aprendió los secretos de la arquitectura en el estudio de Lorenzo Rodríguez, el hombre que arrancó el barroco a los retablos de las iglesias y lo llevó a las calles. En los últimos años de su vida conquistó el título más alto con que podía soñar un arquitecto de su tiempo: Maestro Mayor del Palacio Real.

Al poner su repertorio al servicio de las construcciones civiles más señaladas de la urbe, sintetizó los sueños, los gustos, las expectativas de un país, de una sociedad.

Charles Latrobe recorrió mucho tiempo después los edificios que Guerrero y Torres había proyectado y se creyó inmerso en un sueño.

Ese sueño sigue latiendo en la ciudad.

«GUERRERO Y TORRES APRENDIÓ LOS SECRETOS DE LA ARQUITECTURA EN EL ESTUDIO DE LORENZO RODRÍGUEZ, EL HOMBRE QUE ARRANCÓ EL BARROCO A LOS RETABLOS DE LAS IGLESIAS Y LO LLEVÓ A LAS CALLES».

SIETE CAÍDAS

Monsiváis

LA SEMANA SANTA SOMETE A LA CIUDAD DE MÉXICO

MANUEL PAYNO

«Los sitios lejanos»

1920

MIÉRCOLES DE TINIEBLAS

LA MULTITUD LLENABA LAS CALLES

AGUA HEDIONDA

«SE ABRÍA LA GLORIA»

«EN BUSCA DE PEORES MOLESTIAS Y MAYORES GASTOS»

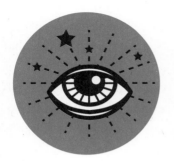

Vacaciones de Semana Santa

En Semana Santa, la Ciudad de México se convierte en provincia y la pobre provincia se vuelve más chilanga que la avenida Izazaga. Más incluso que la mismísima estación Balderas. Tal paradoja fue advertida por José Joaquín Blanco en una crónica de 1978. En cada capitalino, escribía Blanco, viaja la ciudad entera. Los vacacionistas se llevan la urbe en la maleta y la ejercen más impositiva y arbitrariamente en los puertos, los pueblos, las ciudades que habrán de recibirlos. Se va con ellos la ciudad, y ellos —voraces, vulgares, desdeñosos—, trasladan acaso sin saberlo la incomodidad, la mugre, los embotellamientos, los puestos de fritangas, incluso los tumultos.

Arturo Sotomayor, el injustamente olvidado autor de *Crónicas extemporáneas: o parte de lo que debió haberse dicho sobre la Ciudad de México en los últimos 80 años* y de *México, donde nací (Biografía de una ciudad)*, fijó en la tercera década del siglo XX el origen de la evacuación total a que la Semana Santa somete a la Ciudad de México. Dotados ya de rugientes automóviles, provistos de un sistema de camiones que tosían a lo largo de carreteras que más parecían veredas que autopistas de verdad, los citadinos de la década de 1920 aguardaban afanosos la llegada de la Semana Mayor para lanzarse en tropel al desesperado disfrute de «los sitios lejanos»: las Fuentes Brotantes de Tlalpan o el río copioso que, andando el tiempo, provocó en las cercanías de Cuautla la creación del balneario conocido como Agua Hedionda —una pesadilla de los días contemporáneos.

Asegura Sotomayor que aquellas diásporas tempranas anunciaban el calvario de los modernos paseantes que cada año abandonan la ciudad «en busca de peores molestias y mayores gastos»: estaciones y aeropuertos atiborrados de gente y maletas; playas con tantos cuerpos «que no cabe ni un alma», como decía Monsiváis; restaurantes cuyos precios hacen que no se pueda elegir otra cosa más que el llanto.

En una crónica firmada en 1848, Manuel Payno demostró que la piedad y la devoción propias de los días santos habían terminado con el virreinato. 1848 era un tiempo de carromatos pesados y caminos infernales. Algunos iban a San Ángel a presenciar las Siete Caídas, pero en general nadie pensaba en poner un pie fuera de la capital. Y sin embargo, la fiesta religiosa había pasado a segundo plano, era el telón de fondo de un acontecimiento social en el que «todo México» corría a las sastrerías a derrochar hasta el último centavo con tal de estrenar ropa de luto el Viernes Santo. Ni siquiera los empleados más modestos, relata Payno, escatimaban los doce reales que había que pagar por el par de guantes blancos que era bien visto lucir en los templos el Miércoles de Tinieblas.

El pueblo, mientras tanto, llenaba las pulquerías y abarrotaba los puestos de garnachas, de chía, tamarindo y horchata.

Las iglesias se iluminaban profusamente y mostraban un aspecto imponente. Pero los fieles hablaban en secreto durante los oficios o aguardaban en los atrios para devorar con los ojos «a las más guapas y zandungueras devotas».

El sábado en la mañana, cuando «se abría la Gloria», la multitud llenaba las calles entre repique de campanas, tronar de cohetes y quema de Judas. Y entonces, los empellones y las pisadas se prodigaban a granel, y muchos volvían a sus casas sin reloj, sin capa, sin mascada, «llevando el dedo del pie inflamado».

Las tabernas se atestaban de devotos ansiosos de celebrar la Resurrección de Jesucristo, y los «aguilitas» encargados de velar el orden público advertían que en las calles, llenas de apuñalados y descalabrados, la necesidad de su presencia adquiría un carácter imperativo conforme avanzaba el día.

Debemos en mucho al paseante de Semana Santa la disolución de estos intensos fervores religiosos. Le debemos que guarde en la cajuela a la ciudad, y esta olvide durante algunos días sus problemas, sus conflictos, su temperamento enrevesado.

¡Ah, la eclesiástica unción de la Cuaresma! ¡Qué bien se vive en la suave patria de Ramón, bajo el embrujo recoleto de las muchachas de los pueblos!

«EN SEMANA SANTA,
LA CIUDAD DE MÉXICO
SE CONVIERTE EN
PROVINCIA Y LA
POBRE PROVINCIA
SE VUELVE MÁS
CHILANGA QUE LA
AVENIDA IZAZAGA».

CINCO DE FEBRERO Y VENUSTIANO CARRANZA

La era prehispánica del regateo

LA ESTRUCTURA DE EL PALACIO DE HIERRO

Un domo que Quevedo calcó del boulevard Haussmann

1 8 8 8

LA DICTADURA HABÍA TERMINADO

LA ESTELA DE SANGRE DE LA REVOLUCIÓN TENÍA AL PAÍS EN LLAMAS

«CÓMODAS MENSUALIDADES»

EL MUNDO SOÑADO POR DON PORFIRIO

CALZADO AMERICANO Y FRANCÉS

Cómodas mensualidades

Hay una esquina de París en la Ciudad de México. Se localiza en 5 de Febrero y Venustiano Carranza, a espaldas del antiguo edificio del Ayuntamiento. Comenzó a formarse en 1888, cuando un grupo de inversionistas franceses levantó en esa esquina el imponente edificio de El Palacio de Hierro, una construcción de cinco pisos desde la que podía dominarse «todo el caserío de México».

La estructura de aquel edificio —diseñado por los hermanos Eusebio e Ignacio de la Hidalga— fue la primera de hierro fundido que hubo en la ciudad. La gente que miraba la lenta construcción de la obra exclamaba con sorpresa: «Mira… ¡están construyendo un palacio de hierro!».

Por esa causa, los dueños del almacén decidieron cambiar el nombre de la tienda —que se llamaba Fábricas de Francia— para imponerle el que de modo inesperado había triunfado en la voz popular.

La prensa de finales del siglo XIX registra minuciosamente el impacto que aquel nuevo «cajón de ropa» tuvo en la ciudad. Terminaba el sistema de mostradores a cargo de un dependiente, por lo general, hosco, tramposo, desaliñado. Terminaba, también, la era prehispánica del regateo: iniciaba la edad del crédito, que se anunció en los diarios porfirianos con una frase endemoniada: «cómodas mensualidades».

Aquel nuevo estilo comercial disponía de empleados correctamente vestidos, de productos dispuestos de manera atractiva y de ambientes agradables, suntuosos, que entre alfombras, cortinajes y luz cayendo a raudales, invitaban, como nunca antes, al consumo.

Aparecía una nueva forma de «estar» en la ciudad.

Los grandes capitales no tardaron en sentir apetito por ese estilo de hacer negocios a partir de la moda. En 1896, los empresarios agrupados en Signoret Honorat y Cía., levantaron en la contra esquina de El Palacio de Hierro un edificio de mármol rosado, cuyo sólido y respetable cascarón se mantiene en pie hasta la actualidad: El Puerto de Veracruz.

Se trataba de un rutilante almacén encargado de hacer llegar a la ciudad de México las «novedades» que, mes tras mes, los vapores desembarcaban en Veracruz. Calzado americano y francés, encajes, guantes, sedas, casimires, listones, hilos, peinetas y horquillas para el pelo.

Algo poderoso se agitaba en ese rumbo: en 1908, Las Fábricas Universales, de Reynaud y Cía., se apropiaron de la esquina suroriente y construyeron otro almacén inmenso, el que es acaso el edificio más extraordinario del antiguo corredor comercial porfiriano.

El dueño de las Fábricas había entregado a Miguel Ángel de Quevedo unos planos diseñados en París. Le ordenó que los ejecutara. Surgió así un prodigio del Art Noveau, rematado por un domo que De Quevedo calcó del boulevard Haussmann. Vale la pena ir al Centro solo para verlo: aquel portento obliga a guardar extasiado silencio.

Un simple detalle anecdótico informa sobre la belleza de esta construcción: cuando Las Fábricas Universales fueron inauguradas, los dueños de El Palacio de Hierro se pusieron a temblar de envidia y decidieron lanzar su resto. Hicieron remodelar su propio edificio, solo para añadirle una cúpula semejante. No solo eso: también colocaron dentro de esta un potente faro giratorio que —el colmo de la novedad— cada noche lanzaba un haz de luz sobre el firmamento oscuro.

El novelista español Julio Sesto dijo que en la actual esquina de 5 de Febrero y Venustiano Carranza, la Ciudad de México poseía su Palacio Municipal del Lujo, su Alcázar del Ensueño: almacenes con mesas y aparadores «atestados de encantos».

El 15 de abril de 1914, *El Imparcial* anunció en grandes titulares: «Un torbellino de fuego destrozó anoche El Palacio de Hierro». En un aparador decorado con telas, un falso contacto había propiciado el nacimiento del incendio. La construcción se redujo a escombros en menos de una hora. Solo se salvó una puerta de herrería, que hoy se encuentra colocada en la entrada de personal del nuevo edificio —reinaugurado en 1921.

La dictadura había terminado. La estela de sangre de la Revolución tenía al país en llamas. El incendio de El Palacio de Hierro fue leído por muchos como el final emblemático del mundo soñado por don Porfirio.

El viejo dictador quiso traer París a la Ciudad de México. Solo logró importar una esquina. Un chiste que en los años treinta ironizaba el sistema de crédito informa que seguimos pagando aquel pedazo de París en cómodas mensualidades.

Antigua publicidad de El Palacio de Hierro, S. A. del año de 1909.

«LA DICTADURA HABÍA TERMINADO. LA ESTELA DE SANGRE DE LA REVOLUCIÓN TENÍA AL PAÍS EN LLAMAS».

PIEDRAS DEL TEOCALLI SANGRIENTO DE HUITZILOPOXTLI

CRÁNEOS, COLUMNAS VERTEBRALES, TIBIAS Y FALANGES

LA PRIMITIVA IGLESIA TARDÓ UN SIGLO EN SER DEMOLIDA

Adornadas con querubines y rostros del diablo

1 8 8 1

VIDAS QUE SE VOLVIERON POLVO, SOMBRA, NADA

LAS ESCALINATAS QUE ALGUNA VEZ PISARON CORTÉS Y ZUMÁRRAGA

¿QUIÉN PODRÁ SITIAR A TENOCHTITLAN?

¿QUIÉN PODRÁ CONMOVER LOS CIMIENTOS DEL CIELO?

BAJO EL ATRIO HAY UNA TEMPERATURA DE BAÑO SAUNA QUE RONDARÁ LOS 40 GRADOS

Unas cuantas piedras

Tal vez la Ciudad de México no depare experiencia más intensa que la de bajar por las ventanas arqueológicas que existen en el atrio de la Catedral y recorrer bajo la tierra pasadizos estrechos que conducen a lo inimaginable: el suelo de una calle de México-Tenochtitlan, las escalinatas —adornadas con querubines y rostros del diablo— de la Catedral Primitiva —demolida a principios del siglo XVII—, y los restos del primer cementerio que hubo en la ciudad, con su dotación de cráneos, columnas vertebrales, tibias y falanges asomando entre la tierra.

En 1881, el gobierno capitalino decidió nivelar el atrio de la Iglesia Mayor de México. Durante las excavaciones, Antonio García Cubas encontró las bases de unas columnas labradas en piedra que alguna vez habían sido ídolos aztecas y que los conquistadores emplearon, entre 1526 y 1532, para construir la primera Catedral. Esos viejos dioses desfigurados sostuvieron el edificio durante un siglo. A finales del siglo XIX, el Ayuntamiento los exhibió en el atrio con esta leyenda: «Piedras del teocalli sangriento de Huitzilopoxtli / empleadas después en el primer templo / que los españoles erigieron en este sitio / a la fe cristiana».

Los hallazgos de García Cubas permitieron al historiador Joaquín García Icazbalceta precisar la ubicación exacta de la Catedral original. Con esos datos, hace unos años, arqueólogos del INAH abrieron cuatro «ventanas» que hacen posible al visitante de hoy «asomarse» al pasado de la urbe.

Ahora estoy prácticamente a gatas, tocando con las manos los restos de esa Catedral, las escalinatas que alguna vez pisaron Cortés y Zumárraga, y que estuvieron sepultadas durante cuatro siglos hasta que la piqueta las trajo de vuelta a una ciudad que ya les era imposible reconocer.

Bajo el atrio hay telarañas, humedad, maleza y una temperatura de baño sauna que rondará los cuarenta grados. Veo los restos de unos muros decorados con pintura roja, algunas cenefas, azulejos con imágenes remotas y un piso colonial de piedras bellamente entretejidas.

El encargado de trazar la iglesia primitiva fue el alarife Martín de Sepúlveda. El templo poseía tres naves y un techo de dos aguas. Los canónigos se quejaban porque el edificio se hundía rápidamente y resultaba húmedo, frío. Decían que estar ahí les provocaba reumas y dolores de cabeza. Al mismo tiempo, la fábrica desagradó tanto a los vecinos de la ciudad que preferían no asistir a los oficios divinos. Para colmo, se trataba de una iglesia pequeña: era imposible hallar acomodo durante las grandes festividades religiosas.

Desde 1536 se pidió a la Corona que permitiera la construcción de «una catedral suntuosa» y señalara «el sitio que para ella fuera menester». La Corona dio permiso, pero no dinero. La primitiva iglesia tardó un siglo en ser demolida.

En los primeros años de aquella Catedral, los vecinos, además de no ir a misa, se rehusaban a ser enterrados en el templo. Según una crónica, «la iglesia había estado hasta entonces como viuda; y nadie se enterraba en ella porque sabían que se había de mudar».

Las necesidades, sin embargo, hicieron del atrio un cementerio urbano. En 2005, los arqueólogos encontraron ahí los restos de doce individuos de origen europeo, algunos de los cuales habían medido en vida 1.80 de estatura. En 1982 se habían localizado 157 esqueletos, enterrados uno al lado de otro, que hicieron pensar a los estudiosos que eran producto de una epidemia brutal —tal vez la de 1797.

La ventana arqueológica más profunda del atrio se encuentra a cinco metros de la superficie. Entre el lodo, asoman las osamentas —una de ellas, con el cráneo fracturado— de algunos pobladores antiguos de la ciudad: vidas, escribiría Sor Juana, que se volvieron polvo, sombra, nada.

Es ahí, en el estrato más profundo, en donde corren las piedras de la ciudad azteca. En ese sitio se encuentra una calle impensable a la que un día iluminó el sol y mojó la lluvia.

Toco esas piedras. Toco con las manos la ciudad de Moctezuma.

No sé decir lo que siento. «¿Quién podrá sitiar a Tenochtitlan? ¿Quién podrá conmover los cimientos del cielo?», se preguntó un poeta del mundo azteca.

Ahora solo quedan las lajas de una calle. Ahora solo queda, de aquella ciudad, un trozo de muro. Solo unas cuantas piedras.

EL PRIMER EDIFICIO CON FACHADA DE LADRILLO

UNA CIUDAD HECHA TOTALMENTE DE TEZONTLE

EL TRÁGICO FIN DE LA GUERRA

Los «gringos» avanzaban por San Cosme

1847

VI RELUMBRAR SUS FÚLGIDOS ACEROS

LOS INVASORES VAGABAN COMO MANADAS

COMENZARÁN A LLAMAR A LOS INVASORES LOS *GREEN GROWS*

LEVANTÓ EL PRIMER EDIFICIO DESTINADO A FUNCIONAR COMO HOTEL

ORGANIZABAN BAILES CADA NOCHE

La orgía de las Margaritas

En el remoto e inimaginable 1840, el ingeniero José Besozzi levantó en Palma 37 el primer edificio de la Ciudad de México destinado a funcionar expresamente como hotel.

Al establecimiento se le bautizó así: «Hotel de la Bella Unión». No solo fue el primero de gran categoría que hubo en la metrópoli —antes de su construcción, quienes juzgaban necesario viajar a la capital debían hospedarse en mesones sucios, incómodos y malolientes—, fue también el primer edificio con fachada de ladrillo en una ciudad hecha totalmente de tezontle.

El restaurante de aquel hotel fue también el primer lugar donde los mexicanos probaron la crema chantilly y el helado de tres sabores. El edificio sigue en pie: hace mucho que dejó de ser hotel: hoy, entre sus muros constelados por medallones de mármol con las efigies de varios presidentes mexicanos, brillan los escaparates de una tienda de modas.

Hubo un tiempo en el que la gente apuraba el paso y bajaba la vista avergonzada al pasar frente a la Bella Unión. Ahí se hospedaron los oficiales del Ejército estadounidense a partir de la tarde en que Winfield Scott tomó posesión de la Ciudad de México.

Cerremos los ojos un instante. Es el 14 de septiembre de 1847. A las siete de la mañana, bajo un cielo inusitadamente azul, entre el ruido marcial de cornetas y tambores, un capitán del regimiento de Fusileros, su apellido es Roberts, iza la bandera norteamericana en lo alto del Palacio Nacional.

En el Zócalo y desde los portales, cientos de compatriotas moralmente deshechos contemplan la escena. La imagen de la bandera de las barras y las estrellas ondeando en lo alto de la sede del poder los acompañará hasta la tumba. Es uno de los acontecimientos políticos más graves en la historia del país y en la vida de la ciudad. Es la primera invasión que sufre la Ciudad de México desde que Hernán Cortés la fundó.

En la capital todo es confusión. Los invasores marchan por las avenidas principales y ocupan colegios, hospitales, el patio de los conventos. Winfield Scott elige para sí una casa en el número siete de la calle del Espíritu Santo —hoy Isabel la Católica—. Las tropas deambulan entonando una tonadilla de «vulgaridad sobresaliente»: *green grow the bushes* —a partir de entonces, los habitantes de la ciudad comenzarán a llamar a los invasores los «*green grows*»: los «gringos».

Antonio López de Santa Anna no ha escrito aún la carta que anuncia a los mexicanos el trágico fin de la guerra —carta en la que culpará a sus generales por haber trastornado «todo mi plan de operaciones»—. Desde la noche anterior, sin embargo, se sabe que el Vencedor de Tampico abandonó la ciudad y puso en polvorosa el único pie que tiene disponible. Hay indignación, cólera y espanto.

Desde las seis de la mañana de aquel funesto 14 de septiembre, un bando proclamado por el Ayuntamiento anuncia que la ciudad será ocupada «pacíficamente». Cuando las tropas invasoras se aproximan desde el rumbo de San Cosme, la gente se arrima a las azoteas y las esquinas para observar su paso. Un anónimo corresponsal le describirá la escena a Guillermo Prieto:

> Formaban una mascarada tumultuosa, indecente sobre toda ponderación. Calzaban botas enormes sobre pantalones despedazados, [llevaban] sombreros incontenibles, indescifrables de arrugas, depresiones, alas caídas, grasa y agujeros [...] Estos demonios de cabellos encendidos, no rubios, sino casi rojos, caras abotagadas, narices como ascuas, marchaban como manada, corriendo, atropellándose y llevando sus fusiles como les daba la gana.

El general José María Tornel había dispuesto que la gente desempedrara las calles y amontonara las piedras en las azoteas para que, llegado el caso, pudieran emplearse como armas. Al ingreso de las tropas, mientras la sensación de agravio se iba propalando a la velocidad de una epidemia, la gente recordó los consejos de Tornel. Una tempestad de piedras cayó sobre los invasores. Prosigue el corresponsal de Prieto:

> Cundió rápido el fuego de la rebelión y en momentos invadió, quemó y arrolló cuanto se encontraba a su paso, desbordándose el motín en todo su tempestuoso acompañamiento de destrucción [...] Llovían piedras y ladrillazos desde la azoteas, los léperos animaban a los que se les acercaban, en las bocacalles provocaban y atraían a los soldados: aquellos negros, aquellos ebrios gritaban y se lanzaban como fieras sobre mujeres y niños matándolos, arrastrándolos [...] Se calcula en quince mil hombres los que sin armas, desordenados y frenéticos, se lanzaron contra los invasores [...] Por todas partes heridos y muertos, dondequiera riñas sangrientas, castigos espantosos.

Los gringos avanzaban por San Cosme, derribando a hachazos las puertas de las casas desde donde se les atacaba; fusilaban en el acto a los resistentes. La población combatió por sus propios medios todo el 14 y todo el 15 de septiembre. Un relato de Juan de Dios Arias y Enrique Olavarría y Ferrari dice que «el convencimiento de que este desahogo de la indignación no podía pasar de ser un desahogo, hizo cesar las hostilidades del pueblo». Para entonces, varios cientos de invasores habían perdido la vida.

Un segundo corresponsal, también anónimo, relata a Prieto que los oficiales del ejército yanqui llevaban en la mano, «a guisa de bastones, unos espadines muy delgados» y que con ellos «ensartaban al primero que les chocaba, con una sangre fría que espanta». Según ese corresponsal, los invasores «vagaban como manadas, hacían fuego donde primero querían. Eran como un aduar de salvajes, comiendo y haciendo sus necesidades en las calles, convirtiéndolas en caballerizas, y haciendo fogatas contra las paredes, lo mismo del interior del Palacio que de los templos».

Ocultos tras las ventanas, los mexicanos, silenciosos, perplejos, aterrorizados, se hacían una idea completa de «estos comanches blancos y su cultura», de quienes escribía uno de los corresponsales de Guillermo Prieto:

Su manera de comer es increíble. Cuecen perones en el café que beben, le untan a la sandía mantequilla y revuelven jitomates, granos de maíz y miel, mascando y sonando las quijadas como unos animales. No he visto jamás embriaguez más arraigada, más escandalosa ni imprudente que la que los domina, ni tampoco apetito más desenfrenado. A toda hora del día, excepto en la tarde que están borrachos, se les encuentra comiendo, y comen de cuanto ven.

José María Roa Bárcena, José Fernando Ramírez y Antonio García Cubas, entre otros, construyeron el anecdotario del ejército invasor. Cómo aquellos atilas entraban en las iglesias con los sombreros puestos y elegían los confesionarios para dormir y roncar como lirones; cómo volvían sórdidos muladares las casas en que se instalaron; cómo arrancaron tablas y vigas del convento de Santa Clara para hacer fuego y calentarse. «En todas partes hay montones de basura y perros que cosechan suciedades»; «los monumentos que estos sucios soldados tienen repartidos por las calles, atestiguan de manera irrefragable que la disentería los destroza».

En el Hotel de la Bella Unión, los oficiales organizaban bailes cada noche. En los *Apuntes para la historia de la guerra entre México y Estados Unidos* (1848) se lee que los pisos bajos del hotel se convirtieron en salones de juego; que los primeros pisos se transformaron en cantinas, billares y salas de baile, y que los altos se destinaron «a lo que la decencia no permite expresar».

Según esos *Apuntes…*, «desde las nueve de la noche hasta las dos o tres de la mañana duraban esas orgías, que jamás se habían visto en México. El bello sexo mexicano era más abundante que lo que era de esperarse, y compuesto en su mayor parte de prostitutas».

Relata Guillermo Prieto:

Allí lucían, como no es posible explicar, las Margaritas, así bautizadas por los yanquis las mujeres perdidas, que por esos días se multiplicaron extraordinariamente […] Todo era en aquel salón chillante, intenso, febril. Sus vivísimos hombres desmelenados, con las levitas y los chalecos desabrochados, mujeres casi desnudas; todo lo que tiene de más repugnante la embriaguez, de más asquerosa la mujer desenvuelta, de más repelente el grito y la carcajada de la orgía.

La guerra había terminado, pero en la ciudad proseguía una guerra oculta. El Ejército estadounidense mermaba misteriosamente cada noche. Los soldados ebrios eran cazados a tiros en la oscuridad; cada día aparecían cadáveres de yanquis acuchillados por léperos del pueblo que tomaron por su cuenta la venganza y la resistencia.

Según José Fernando Ramírez, «el que sale por los barrios o un poco fuera del Centro es hombre muerto, y me aseguran que se ha descubierto un pequeño cementerio en una pulquería, donde se prodigaba licor para aumentar y asegurar el número de las víctimas [...] Se estima en trescientos los idos por ese camino, sin computar los que se llevan la enfermedad y las heridas».

El general Scott intentó detener la cacería anunciando a los mexicanos castigos estremecedores. Colocó picotas en la Alameda y prohibió que se tocaran las campanas de las iglesias para evitar que los asesinos de sus hombres usaran los tañidos como señal. Nada hizo cesar los ajusticiamientos hasta que Scott anunció que por cada muerto suyo iba a cobrarse al azar la vida de diez mexicanos. Al parecer, cumplió la amenaza. El pueblo se aplacó.

Fueron nueve los meses de horror. El 13 de junio de 1848, los últimos soldados invasores salieron de la ciudad. Dejaban atrás un país totalmente mutilado, en el que todos se miraban con odio. Prieto fue a mirar aquel día la salida de las tropas. Caminó por las calles con dolor. Ruinas, basura, excrementos. Le correspondió a un poeta, Manuel Carpio, delinear en un poema la que es acaso la crónica más exacta de aquellos días:

> *en las calles de México desiertas*
> *vi correr los soldados extranjeros*
> *vi relumbrar sus fúlgidos aceros*
> *y vi las gentes pálidas y yertas.*
>
> *Y vi también verter la sangre roja,*
> *y oí silbar las balas y granadas,*

y vi temblar las gentes humilladas,
y vi también su llanto y su congoja.

La Bella Unión no logró recobrar la honorabilidad perdida. Siguió trayendo recuerdos infames a quienes cruzaron el pantano del 47. El hotel fue adquirido años más tarde por Fulcheri, el célebre napolitano que introdujo en México la costumbre de adornar los postres con crema chantilly. Los postres y los helados de Fulcheri procuraron a la Bella Unión un breve instante de esplendor.

En los últimos años del XIX, el hotel cerró. Se fue con el siglo del que había sido testigo. La ciudad de las destrucciones ha conservado la fachada del edificio tal como la vieron los salvajes, los demonios de uniforme azul y cabello encendido.

En 16 de Septiembre y Palma ya casi todo se fue. Pero quite usted los aparadores de la tienda de modas y verá transcurrir los fantasmas de esa corte ruidosa que la generación de Prieto conoció como las Margaritas.

«LA GUERRA HABÍA
TERMINADO, PERO
EN LA CIUDAD
PROSEGUÍA UNA
GUERRA OCULTA».

BATTLES OF MEXICO.

Survey of the

LINE OF OPERATIONS OF THE U.S. ARMY, UNDER THE COMMAND

OF

MAJOR GENERAL WINFIELD SCOTT.

on the 19th & 20th of August

1847

MADE BY

Major Turnbull, Captain Mᶜ Clellan & Lieut. Hardcastle, Topo.ˡ Engineers
Drawn by Lieut. Hardcastle.

Portales

Route of Shields & Pierce's Brigades

Rio de Churubusco

San Angel

Position of Mexican Reserve—19th
Under General Santa-Anna.

CONTRERAS.

	Men	
Riley's Brigade	1214	
Cadwalader's do	1060	
Smith's do	1291	on 20th
Shields' do	900	
Pierce's do	1111	
Position of U.S. troops		
A. Magruder's Battery	72	on 19th
B. Calender's do	85	
C. Taylor's do		
D. U.S. Dragoons		

Contreras

Magdalena

Killed, Wounded & Missing 19ᵗʰ & 20ᵗʰ

OFFICERS.		RANK & FILE.
Killed	14	123
Wounded	65	814
Missing	"	40
	79	977
Total Loss	1056	

SCALE

500 yds.   1 mile   2 miles

LA FRAGATA DE GUERRA NOVARA

DETERMINARON SUSPENDERLO A FIN DE QUE LOS LÍQUIDOS QUE AÚN CONTENÍA EL CUERPO ESCURRIESEN BIEN

UN NUEVO EMBALSAMAMIENTO

¿A dónde habrán ido a parar esas reliquias?

1 8 6 7

UN TIRO DE GRACIA EN EL CORAZÓN

MIRADAS DE LOS ÚLTIMOS DÍAS DE MAXIMILIANO DE HABSBURGO

HE AQUÍ LA OBRA DE FRANCIA

CUANDO INTENTARON METERLO EN EL FÉRETRO SE DESCUBRIÓ QUE ERA DEMASIADO ALTO

LA PRINCESA SALM SALM SE ARRODILLÓ ANTE JUÁREZ

El embalsamamiento de Maximiliano

Maximiliano el trágico. Su cuerpo fue recogido a las siete de la mañana con cinco minutos del 19 de junio de 1867. Lo envolvieron en una sábana y lo depositaron en un ataúd corriente. Nadie había reparado hasta entonces en su estatura: cuando intentaron meterlo en el féretro, se descubrió que era demasiado alto, que sus pies no cabían en el ataúd.

Esa misma mañana, los restos fueron enviados al convento de Capuchinas, en la ciudad de Querétaro. El coronel Palacios señaló el cadáver y dijo: «He aquí la obra de Francia». Maximiliano tenía cinco impactos de bala en el pecho y el abdomen. Tenía también un tiro de gracia en el corazón. Se lo había dado, de modo magistral según el periodista Ángel Pola, el futuro esbirro de Victoriano Huerta, apenas un sargento segundo entonces, Aureliano Blanquet. Al caer, Maximiliano se golpeó la frente contra el suelo. Su embalsamador, el doctor Vicente Licea, cubrió la herida con barniz.

Durante los siete días que demandó el embalsamamiento, varias personas de sociedad acudieron a Capuchinas para poner en manos del médico albeantes pañuelos que deseaban humedecer con la sangre del archiduque. La princesa Salm Salm, que se había arrodillado ante Juárez para suplicar por la vida del emperador, visitó al presidente una noche y le dijo que el médico que había embalsamado el cadáver acababa de presentarse en su casa con intención de venderle, entre otras cosas, las ropas que el emperador portaba el día de su fusilamiento. A saber: una banda de seda empapada de sangre, un pantalón negro con los agujeros de las balas que atravesaron el vientre, una camiseta blanca con los de los tiros que perforaron el pecho, un par de calcetines, una corbata, pelo de la barba y la cabeza, la sábana —lavada— que había envuelto el cadáver, la bala de plomo que desgarró el corazón, y una mascarilla de yeso que el propio Licea había mandado a hacer.

El médico le dijo a la princesa que entre los aristócratas de Querétaro «habría podido realizar aquellos objetos en treinta mil pesos», aunque ahora se conformaría con entregarlos por solo quince mil. La princesa contestó: «Conozco a alguna persona que daría probablemente ese precio. Creo conveniente que haga usted una lista de los objetos para poder mostrar el papel». Licea hizo la lista y la firmó. De ese modo selló su fatalidad.

Benito Juárez se indignó ante el «vil tráfico» que el médico deseaba hacer con los despojos imperiales y aconsejó a la princesa interponer una demanda en los tribunales. Agnes Salm Salm obedeció. Licea fue detenido y pasó dos años en prisión. El tribunal ordenó que las prendas fueran entregadas a la princesa —era la única persona que las había reclamado—, pero esta había huido del país antes de que se dictara el fallo.

Según un documento que el investigador Ramón del Llano Ibáñez dio a conocer en el libro *Miradas de los últimos días de Maximiliano de Habsburgo en la afamada y levítica ciudad de Querétaro durante el sitio de las fuerzas del Imperio en el año de 1867* —Miguel Ángel Porrúa, 2009—, el tribunal absolvió a Licea con el argumento de que este solo había recogido unas ropas abandonadas y no había cometido crimen alguno. Para el juez, después de momificar el cadáver sin recibir pago por sus servicios, Licea se había visto en la necesidad de ofrecer las prendas «por una compasión demasiado mal comprendida hacia aquel andrajo de carne humana que pudo alguna vez llamarse emperador de México».

¿A dónde habrán ido a parar esas reliquias?

En el tortuoso camino a la capital, el carro que trasladaba los restos del emperador volcó en un arroyo. El embalsamamiento practicado por Licea era tan imperfecto que la momia, además de mojada, llegó a la Ciudad de México ennegrecida, hecha un soberano desastre.

El gobierno de Juárez supuso que la Casa Imperial de Austria iba a reclamar el cuerpo y que este «tendría que hacer dilatado camino atravesando mares». Así que ordenó un nuevo embalsamamiento, que ejecutaron los médicos Agustín Andrade, Rafael Ramiro Montaño y Felipe Buenrostro.

La operación fue practicada en la pequeña iglesia del hospital de San Andrés. El hospital, fundado en 1779 durante una de las peores epidemias de viruela que hubo en la Nueva España, se hallaba en el mismo terreno en donde hoy se alza el espléndido Museo Nacional de Arte —Tacuba 8—. Los religiosos de San Andrés recibieron la orden de desalojar los ornamentos de la iglesia —«el Santísimo, los vasos sagrados y demás paramentos»— en cuanto el cadáver fuera recibido. El pequeño templo quedó convertido en un salón de operaciones quirúrgicas.

José María Marroqui relata que los doctores Andrade, Montaño y Buenrostro, a fin de que los líquidos que aún contenía el cuerpo escurriesen bien, determinaron suspenderlo, «y así lo tuvieron por unos días». De acuerdo con un testigo, en los primeros días de octubre de 1867 se avisó a Benito Juárez que el embalsamamiento se había consumado. Esa misma noche, en punto de las doce, un carruaje negro se detuvo frente al portón de madera del templo. Acompañado por su ministro Sebastián Lerdo de Tejada, Juárez se presentaba «de incógnito»: al penetrar en el pequeño templo, se descubrió la cabeza y enlazó las manos tras la espalda; observó detenidamente a Maximiliano, «sin que se le notara dolor ni gozo», y luego, midió el cadáver con la mano derecha.

—Era alto este hombre, pero no tenía buen cuerpo; tenía las piernas muy largas y desproporcionadas —dijo.

Un instante después, agregó:

—No tenía talento, porque aunque la frente parece espaciosa, es por la calvicie.

El cadáver de Maximiliano salió de México en la fragata de guerra Novara: la misma que años antes había traído al emperador a nuestras playas.

Marroqui ofrece un relato extraordinario de lo que vino después. Desde que el templo de San Andrés volvió a abrirse al culto se pobló de adictos al Segundo Imperio. «Daban a sus reuniones un aire tumultuario y significativo» —escribe Marroqui—; formaban grupos en la puerta y salpicaban sus conversaciones «con palabras que intencionalmente lastimaban a los transeúntes, cuando eran de ideas distintas». En esos grupos se afirmaba que habían colgado a Maximiliano para vilipendiarlo, «y pues que no les había sido posible colgarle en vida, lo hicieron después de muerto». El templo empezó a ser conocido como la Capilla del Mártir. El gobernador Juan José Baz estaba al tanto de aquellas reuniones, aunque solo se dedicaba a observar.

El 18 de junio de 1868, al cumplirse el primer aniversario del fusilamiento en el Cerro de las Campanas de Miguel Miramón, Tomás Mejía y Maximiliano de Habsburgo, los nostálgicos del Imperio celebraron una misa en San Andrés. El jesuita Mario Cavalieri dirigió un sermón que se excedió, cuenta Marroqui, no en elogios a los difuntos, sino en acriminaciones al gobierno juarista. Los asistentes a la misa abandonaron el templo «entre sollozos y lágrimas, vomitando improperios».

Baz impuso al presidente de los acontecimientos. Al enterarse del contenido del sermón y de la reacción del público, Benito Juárez se acercó al gobernador y le preguntó en voz baja:

—¿No conoce usted a un señor Baz que puede tirar esa capilla?

Baz contestó:

—Sí le conozco, yo se lo diré y él la tirará.

La noche del 28 del mismo mes, la iglesia de San Andrés fue quemada. Marroqui, a quien el mismo gobernador confió la versión —«Puedo responder de la verdad de todo lo referido […] me consta por la íntima amistad que unió con el Sr. Baz», escribió—, sostiene que el funcionario irrumpió en el templo acompañado de un grupo de albañiles, mandó hacer un corte circular en la base de la cúpula, metió cuñas de madera empapadas en aguarrás y les prendió fuego. «Todas ardieron a un tiempo, y a un tiempo cedieron todas, desplomándose con gran estrépito», escribió el cronista.

Pocas veces se puede fechar el nacimiento de una calle con tanta exactitud. A las seis de la mañana del 29 de junio de 1868, el templo de San Andrés se había ido para siempre y en la ciudad se abría el espacio de su calle más reciente. La bautizaron con el nombre de «un héroe egregio», Felipe Santiago Xicoténcatl, teniente del batallón de San Blas que en 1847 defendió Chapultepec y cayó en la falda de dicho cerro.

En 1931, en una casona levantada en el número 9 de esa calle, comenzó a sesionar la Cámara de Senadores que permaneció ahí durante ochenta años.

La ciudad nos cuenta historias que a veces no somos capaces de escuchar.

En la calle Xicoténcatl, un espacio que media entre el antiguo Senado y el Museo Nacional de Arte, se levanta, desde hace casi medio siglo, una estatua dedicada a Sebastián Lerdo de Tejada: es el recuerdo de la noche de 1868 en que un carruaje se detuvo, de la noche en que Juárez se encontró con su némesis en secreto. De la noche en que el futuro de una capilla histórica se decidió.

«LA CIUDAD NOS CUENTA HISTORIAS QUE A VECES NO SOMOS CAPACES DE ESCUCHAR».

ERA DUEÑO DE
UNA RETENTIVA
SORPRENDENTE

«POCOS
CONOCEN LA
CIUDAD
DE MÉXICO
COMO YO»

VERDADEROS CRONISTAS

«Micrós» siempre iba a casa, a cuidar de sus hermanos

1 8 8 5

«UNA PLANTA QUE PERTENECÍA A LA FLORA DE OTROS TIEMPOS»

«UNA
MÚLTIPLE
PATERNIDAD»

UNA VECINDAD
MISERABLE

ESCRIBÍA EN UNA MESA
MANCHADA DE TINTA

FUE EL CRONISTA
QUE CONTÓ LA
LLEGADA DE
LOS PRIMEROS
AUTOS

La ciudad encuentra a su cronista

E n la historia de cada cronista urbano hay un momento inaugural: una hora en la que las puertas del futuro se le abren de golpe. Carlos Monsiváis decía que a él le ocurrió durante una manifestación encabezada por Diego Rivera a principios de los años cincuenta: una especie de grandeza épica de la derrota le hizo sentir que aquello debía ser contado.

De todas las historias del encuentro de la ciudad con su cronista, mi favorita es tal vez la de Ángel de Campo. De Campo dejó en la prensa porfiriana una obra formidable: fue el cronista que contó la llegada a la ciudad de los primeros autos, la luz eléctrica, el cinematógrafo, las conversaciones telefónicas. Atestiguó la aparición del tranvía eléctrico, de las primeras privadas y los primeros edificios de departamentos. Registró, también, el alba de la publicidad.

En la década en que sobrevivió al otro gran cronista de su tiempo —Manuel Gutiérrez Nájera, fallecido en 1895—, De Campo describió como nadie la explosión de la modernidad en una urbe que se despedía del siglo XIX cargada de promesas y se abrazaba a las maldiciones del futuro: la fe ciega en el Progreso, medido desde la maquinización.

De Campo adoptó el seudónimo de «Micrós» a los diecisiete años, en 1885. Por lo que él mismo deja ver en sus textos, sabemos que fue un muchacho con el traje y el sombrero deteriorados, que recitaba versos escondido detrás de un biombo. Sabemos que iba a la Alameda muy temprano, antes de que comenzaran las clases, y que divagaba observando a la gente que se dirigía a su trabajo. Sabemos que se presentaba a los exámenes de fin de cursos como quien entra a un proceso judicial y que escribía en una mesa manchada de tinta, con volúmenes dispersos, sucios y desencuadernados. Sabemos, en fin, que poseía una cama hecha pedazos y era dueño de un baúl que le servía alternativamente de diván y guardarropa. Que el amor era para él «una planta que pertenecía a la flora de otros tiempos».

La fatalidad lo visitó muy joven, dejándolo huérfano de padre. En 1890, esta dama enlutada volvió a tocar su puerta: su madre murió luego de una enfermedad fatigosa. A los veintidós años «Micrós» se vio obligado a abandonar la carrera de Medicina y consiguió un trabajo mal remunerado en Hacienda.

El sostenimiento de sus hermanos —«una múltiple paternidad», explica Federico Gamboa— recayó sobre sus hombros. El sentimiento de pérdida subrayó su tendencia a mantenerse aislado. Algunas veces se dejaba arrastrar a las correrías nocturnas de sus amigos, pero por lo general los abandonaba a las puertas de la cervecería donde, recuerda Luis G. Urbina, estos refrescaban cada tarde, con un bock espumoso, sus fastidios «de empleados inferiores que han pasado siete horas del día sobre los empolvados pupitres de una oficina».

¿A dónde iba Micrós? «A donde siempre: a casa, a cuidar de sus hermanos», escribe Urbina. La afirmación, sin embargo, no es del todo exacta. De Campo recordó después aquellas noches de soledad: «En la calle, ni novia, ni amigos, ni visitas, nada; pero me causaba un profundo malestar el recuerdo de mi cuarto, la vela a medias consumida…». Entonces, «chiflaba, cantaba, fumaba por la ciudad dormida».

Por miedo de que la habitación miserable de una vecindad miserable le escupiera a la cara una vida que amenazaba ser por siempre miserable, el modesto empleado de Hacienda se aventuraba noche a noche por la ciudad oscura. De Campo recorría los barrios extraviados, las callejuelas tortuosas que tenían «algo de plegadura de serpiente en acecho». Caminaba, una a una, por las viejas plazas del Centro, pobladas de flacos perros espectrales, en cuyas fuentes, decía la gente, «todas las noches la Llorona se lavaba los pies».

«Micrós» demostró en sus artículos de prensa que era dueño de una retentiva sorprendente. En aquellos paseos, los misterios del repertorio urbano se le quedaban en la mente con la misma rotundidad que las figuras quedan en las placas fotográficas. Años después, en un alarde semejante al del Novo de «Nuestra ciudad mía», De Campo afirmó: «Pocos conocen la Ciudad de México como yo».

Me gusta pensar que las caminatas de aquel hombre triste fueron el rito de iniciación a través del cual la ciudad se encontró con uno de sus grandes, verdaderos cronistas.

LA BOMBA ESTALLÓ

VOLVIERON A VERLO SEMANAS DESPUÉS

Teatro Esperanza Iris

HOTEL GILLOW

Post Mortem S. A.

1 9 5 2

EL JEFE INSISTE EN QUE HAGAN EL VIAJE EN AVIÓN

«UN ATERRIZAJE PERFECTO»

UN SUELDO DE VARIOS MILES DE PESOS

LA ESCOTILLA DE EMERGENCIA VOLÓ EN PEDAZOS

OAXACA

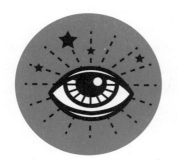

El atentado dinamitero de Paco Sierra

El crimen fue planeado en los altos del Teatro Esperanza Iris, en un salón decorado con sillones y alfombras de principios del siglo XX. El primer paso consistió en la inserción de un anuncio en los principales diarios nacionales. «Se solicitan personas para trabajo fácil y bien remunerado en un campo de turismo de la ciudad de Oaxaca». En los primeros días de agosto de 1952, siete personas mordieron el anzuelo y fueron a entrevistarse, en el Hotel Gillow, con un hombre que se presentó como «el ingeniero Noriega».

—Necesito gente de confianza y muy dedicada para trabajar en un centro turístico internacional que está por abrirse en la ciudad de Oaxaca —les dijo—. La empresa le dará a cada uno de ustedes un lugar dónde vivir.

Los interesados salieron del hotel con la promesa de un sueldo de varios miles de pesos y la posibilidad de iniciar, lejos de la capital, una vida sana.

—Nos comunicaremos con ustedes apenas estén listos los contratos —se despidió Noriega.

Volvieron a verlo semanas después, en una mesa del restaurante Londres. Ahí entregó a cada uno doscientos cincuenta pesos «en calidad de adelanto» y los mandó a comprar «ropa presentable, a la altura del campo turístico en el que van a trabajar».

—Por cierto —añadió—, el jefe insiste en que hagan el viaje en avión.

Días después, Noriega les obsequió unas carteras de piel —«para que guarden el dinero que van a ganar»—. Tenían grabadas en metal las iniciales de cada uno de los trabajadores. El ingeniero les dijo:

—Es necesario que firmen estos seguros de viajero, como hacen todos los que viajan en avión. Denme los nombres de las personas a las que quieren beneficiar: en caso de accidente, sus familiares no quedarán en el desamparo.

El 24 de septiembre de 1952, el propio Noriega se ofreció a registrar el equipaje de los empleados en el mostrador de Mexicana de Aviación. Cuando se despidió de ellos, les entregó «unas esclavas de plata con sus iniciales, para que guarden un recuerdo mío».

Los trabajadores debieron abordar el avión sintiendo que se habían sacado el premio gordo de la lotería.

Cuando la bomba estalló en el compartimento de equipajes del bimotor DC-3 que aquella mañana despegó rumbo a Oaxaca, el barítono Paco Sierra tenía cuarenta y dos años y todo lo que alguna vez había deseado en la vida. Más que a sus triunfos en Bellas Artes, la Scala de Milán y el Metropolitan Opera House de Nueva York, debía su fama al hecho de haber contraído matrimonio con la legendaria María Esperanza Bofill Ferrer, mejor conocida como Esperanza Iris, «la Reina de la Opereta»: una cantante y actriz de teatro que en tiempos de don Porfirio enloqueció de gozo a los tandófilos del Teatro Principal.

Esperanza Iris tenía más dinero y también muchos más años que su cónyuge. Los entretelones del matrimonio eran motivo de chismes y habladurías en el ambiente teatral, sobre todo por la mala fama de Paco.

Una tarde de los años veinte, Paco Sierra fue llevado por Pedro Vargas, Tata Nacho y Mario Talavera ante la presencia del presidente Plutarco Elías Calles. Era cumpleaños del general sonorense y querían que el joven cantante le obsequiara algunas arias de *La bohemia*. El Jefe Máximo quedó muy impresionado. Envió a Sierra con su director de Estadística, Adolfo Ruiz Cortines, y ordenó que le dieran un puesto de «aviador» a través del cual pudiera sufragar sus estudios de canto.

Sierra no aprovechó ni las clases ni la «aviaduría» porque tenía compulsión por el juego y por el alcohol. Le fue más fácil seducir a la Reina de la Opereta —cuando ella bordeaba ya el medio siglo de edad— y exprimir su fortuna hasta que no quedó una gota.

En 1952 quiso enderezar su suerte. Se asoció con Emilio Arellano Schetelige, un imaginativo sujeto que tenía en mente fundar una empresa, Post

Mortem S. A., que estaría destinada a ofrecer servicios funerarios a los trabajadores mexicanos. Con el visto bueno del líder eterno de los obreros, Fidel Velázquez, los socios afinaron los detalles. Cada patrón estaría obligado a aportar una cuota de tres pesos mensuales para que, llegado el caso, los trabajadores mexicanos pudieran tener un funeral digno. Las aportaciones arrojarían ganancias de un millón de pesos mensuales.

Hacía falta, sin embargo, una fuerte inversión —en esa época, el teatro fundado por la Reina de la Opereta en 1918 había dejado de ser rentable—. Según narraron después reporteros de *La Prensa*, los socios comenzaron a reunirse en los altos del teatro, en donde Paco vivía con Esperanza, y entre tragos de alcohol planearon «los más locos proyectos». Así surgió la idea de hacer estallar el avión y cobrar los seguros de vida de los trabajadores, que redondeaban un total de dos millones de pesos.

Para su mala fortuna, el DC-3 en el que metieron la bomba era pilotado por un excombatiente de la Segunda Guerra Mundial, el capitán Carlos Rodríguez Corona, miembro del célebre Escuadrón 201. Por otra parte, el fino mecanismo de relojería que depositaron en una de las maletas no fue tan devastador como ellos lo habían imaginado.

A veinte minutos de iniciado el vuelo, una mano monstruosa sacudió el avión. La escotilla de emergencia voló en pedazos. Los cristales de la cabina estallaron. En un segundo, los ojos del copiloto quedaron empañados de sangre.

El capitán Rodríguez Corona no se arredró. Le relató años más tarde a la reportera Elsa Estrada, de la revista *Contenido*: «El tablero de instrumentos había quedado inservible. Yo sentía que perdíamos altura peligrosamente. Estábamos volando entre filas de nubes muy oscuras; no había manera de saber si chocaríamos con las copas de los árboles o con un cerro, por lo que empecé a buscar con desesperación un claro en el suelo. Seguir a Oaxaca era imposible: jamás lograríamos librar la sierra. Solo me quedaba buscar un sitio donde practicar un aterrizaje de emergencia».

Ese sitio fue la base aérea de Santa Lucía, en las inmediaciones de Zumpango. Ahí, Rodríguez Corona pudo realizar «un aterrizaje perfecto».

El ingeniero Noriega era en realidad Emilio Arellano Schetelige. Había cometido un error: comprar los boletos de avión bajo su nombre verdadero. Había registrado esta dirección: Baja California 11.

Cuando los agentes de la policía llegaron al domicilio, Arellano no estaba. Pero hallaron varios documentos a nombre de Paco Sierra. En los altos del Teatro Esperanza Iris fueron halladas las pólizas de seguros.

Arellano murió en la prisión diez años más tarde. Paco Sierra purgó una sentencia de veinte años. En tono burlón le llamaban «el Cantante más Grande de Lecumberri». El 7 de noviembre de 1962 recibió en su celda la noticia de que Esperanza Iris había muerto. Consiguió una orquídea y la envió para que la depositaran en la fosa del Panteón Jardín en la que la Reina de la Opereta fue inhumada.

Beneficiado por las reformas introducidas por el gobierno de Luis Echeverría, Paco Sierra quedó en libertad en 1971. Terminó sus días cantando en un restaurante capitalino al que solo asistían algunos fanáticos del *bel canto*.

Gran Hotel Gillow

Magnífico edificio del Hotel para familias, de los mejores de México, propiedad de D. Luciano Figaredo, también de nacionalidad española, de la Villaviciosa del cantar. En este Hotel existen excelentes servicios de restaurant, cómodo y seguro servicio de Autos-Pullman á Puebla. Situado en lo más céntrico de México, Avenida de Isabel la Católica y 5 de Mayo, Distrito Federal, con teléfonos Eric. 28-86, Mex. 74-43 Rojo. Es la casa del buen elemento mexicano de la capital y de provincias.

Publicidad del Gran Hotel Willow, construido hacia finales del siglo XIX en la esquina de 5 de Mayo y San José el Real, hoy Isabel la Católica. El inmueble se mantiene hasta la actualidad, a unos pasos del templo de La Profesa.

LA REVOLUCIÓN

Puertas que se azotaban bajo atmósferas opresivas

ASESINATO

SALÍA DEL EDIFICIO COMO PEDRO POR SU CASA

La Mascota, La Gardenia y La Ideal

1924

PITA AMOR

UN CUENTO DE ESPANTOS DE NOBLE ESTIRPE

LA GARDENIA Y LA IDEAL

SE FORMÓ UN ÁLBUM VIRTUAL DE LA MEMORIA

«EN LA TINTA DE LA AURORA»

Aquí espantan

Se le bautizó con un nombre sólido: Edificio Vizcaya. Su construcción inició hace más de un siglo en la antigua avenida Bucareli. Fue pensado como un conjunto de modernos departamentos, aptos para diplomáticos, inversionistas extranjeros y altos funcionarios del gobierno porfiriano. La Revolución, sin embargo, retrasó su inauguración hasta 1924.

Para ese año, los pastizales que rodeaban el antiguo paseo de Bucareli habían sido remplazados por mansiones fastuosas: el Palacio de Cobián y el edificio Gaona, y por las hermosas privadas que el empresario Pugibet bautizó con nombres de cigarro: La Mascota, La Gardenia y La Ideal. Bucareli era entonces una de las principales arterias de la capital: céntrica, ruidosa, transitada a toda hora por tranvías, automóviles y trolebuses urbanos. Un torbellino de cines, diarios, restaurantes, cantinas y oficinas, en el que el Edificio Vizcaya —majestuoso y afrancesado— semejaba un galeón encallado en otro tiempo —«y en la tinta de la aurora»—. No tardó en ser solicitado por artistas, empresarios y políticos: Andrea Palma, Luis G. Basurto, Pita Amor, Julio Bracho, Luis Gimeno y Rosalía D'Chumacero fueron algunos de sus inquilinos ilustres.

Se afirma que el inquietísimo José Vasconcelos montó en uno de los departamentos un pequeño nido de amor, por lo que entraba y salía del edificio como Pedro por su casa —a través del espectacular portón de hierro forjado que todavía hoy lo distingue.

¿Cuántas generaciones habrán tejido sus vidas, sus sueños, sus recuerdos tras los muros de piedra de color gris oxford del Edificio Vizcaya? ¿Cuánto se puede saber de una ciudad al escarbar el pasado de un edificio?

Hace unos años, doblegada por la memoria de una infancia feliz, una terapeuta invitó a quienes hubieran vivido en el Edificio Vizcaya a depositar en una página de Internet la mayor cantidad de fotografías, recuerdos, añoranzas. El resultado fue un curioso rescate en términos de microhistoria. Desde todos los puntos del país, desde las ciudades más diversas del mundo, fluyeron testimonios en forma de recuerdos, notas de periódico y antiguas fotografías. De ese modo se formó un álbum virtual de la memoria, compuesto por fragmentos que abarcaban varios años en la vida de la Ciudad de México.

Una tarde de ocio navegué un buen rato por ese blog. Con alguna decepción, advertí que la mayor parte de los relatos eran, en realidad, historias de fantasmas. Muñecas que cambiaban de lugar o aparecían, de pronto, descabezadas. Puertas que se azotaban bajo atmósferas opresivas. Cambios de temperatura, escalofríos, olores desagradables y murmullos de voces femeninas llegadas de ninguna parte.

En ese archivo de lo paranormal había un cuento de espantos de noble estirpe. Separados por diversas épocas, cuatro inquilinos vieron o soñaron a una joven cuyo cuerpo ahorcado pendía de un balcón. Contaba una mujer:

> Lo peor me pasó una madrugada en la que me despertó un olor extraño y punzante. Al abrir los ojos había una chica mirándome y eso me asustó mucho. Ella volteó la mirada al ventanal del balcón, que se abrió suavemente, y desapareció ante mí. Al día siguiente soñé que la misma chica estaba colgada del balcón, pero había un panorama diferente: vi tranvías en la calle Bucareli.

Otra mujer relató: «Cuando nació mi hijo tuve la visita en sueños de una mujer hermosa, ojerosa, con rostro triste, vestida a la usanza de los años veinte. Me dijo que su esposo, un torero, la había asesinado, fingiendo que ella se había suicidado colgándose del balcón».

Un anticuario recordó esto: «Todos oímos claramente el llanto, era de mujer, y llegó hasta nosotros un olor espantoso. En el armario, el espejo, la cabecera y la piecera, había manchas rojas de aspecto lodoso. Comprendimos que se trataba tal vez de un suicidio o de un asesinato, y que un alma había plasmado su dolor inmenso en aquellas finas maderas».

Finalmente, un médico relató el caso de una paciente, otra habitante del Vizcaya, a quien «la visión en sueños de una mujer ahorcándose casi destruyó su vida».

Con fantasmas o sin ellos, aquel blog abrió puertas inexploradas por la crónica. Si cada edificio de la ciudad lanzara una convocatoria semejante, obtendríamos el recuento polifónico y fantasmal más minucioso y completo de las muchas ciudades que hemos habitado.

El imponente Edificio Vizcaya, ubicado en el número 128 de la avenida Bucareli, en una fotografía de los años setenta. Este conjunto fue construido por Roberto Servín en 1924, y se mantiene en pie como uno de los espacios más emblemáticos del rumbo.

LA VENTANA HACIA OTROS MUNDOS

SOPAS ITALIANAS, ASADOS A LA INGLESA, POSTRES A LA FRANCESA

LA CONCORDIA INTRODUJO APETITOS NUEVOS

El mejor lugar para darse cita fue La Concordia

1 9 0 6

URBINA SE ALEJÓ CABIZBAJO POR PLATEROS

LOS FANTASMAS ME DESPRECIAN POR MÁS QUE ME ESFUERZO EN ENCONTRARLOS

PLATEROS POSEÍA LA VIRTUD DE MOSTRARSE DESTELLANTE Y BULLICIOSA

HA OLVIDADO LA IMPORTANCIA QUE HACE UN SIGLO TUVIERON LOS CAFÉS

LOS NOCTÍVAGOS DEL CENTRO

El fantasma de Urbina

A la medianoche, en la esquina de Madero e Isabel la Católica, creí escuchar una carcajada, un ruido de platos, un entrechocar de copas. Me habría gustado iniciar una crónica dedicada a la esquina más bella y elegante del Centro con el párrafo que acabo de escribir. Pero no lo haré. Los fantasmas me desprecian por más que me esfuerzo en encontrarlos. He pasado mil veces en las horas altas de la noche por la esquina en donde alguna vez existió el Café de La Concordia y jamás he escuchado ni una carcajada, ni un ruido de platos, ni un entrechocar de copas.

Así que intentaré la crónica de este modo:

Una noche —enero de 1906—, el poeta Luis G. Urbina abandonó las instalaciones de *El Mundo Ilustrado*, en la 2ª. calle de las Damas —hoy Bolívar—, a donde había ido a entregar su artículo semanal. Caminó bajo la luz de los faroles mortecinos hasta alcanzar la calle de Plateros —hoy Madero—. A diferencia de otras calles de la urbe, Plateros poseía la virtud de mostrarse destellante y bulliciosa prácticamente a cualquier hora. No en esa ocasión. Urbina la encontró adormecida, un poco agónica.

Al pasar frente al templo de La Profesa, con profunda «pena callejera», entendió la causa: el Café de La Concordia había cerrado para siempre.

La Concordia se llevaba algo que no regresaría jamás. Urbina sintió ese hueco que queda en la ciudades que acaban de perder un referente crucial. Algo parecido a lo que sintió José Juan Tablada un año antes, según cuenta en sus memorias, al presenciar la demolición del antiguo Hospital de San Andrés.

Urbina se alejó cabizbajo por Plateros; antes de doblar en la siguiente esquina, se volvió a mirar los escaparates apagados del viejo café. Recordó que en sus mesas de mármol había escrito a vuelapluma muchos de los artículos a los que debía su prestigio. Tal vez, mientras buscaba otro café donde sentarse a escribir el epitafio del tiempo que se iba, tropezó con un segundo viudo de La Concordia, el cronista Ángel de Campo.

Urbina y De Campo fueron amigos hasta que el tifo los separó y se llevó a este último. Aquella noche de 1906 intercambiaron recuerdos. Ambos publicaron poco después, uno en *El Mundo*, otro en *El Imparcial*, sus respectivas oraciones fúnebres.

Nuestro tiempo ha olvidado la importancia que hace un siglo tuvieron los cafés. En esos sitios «de boato y maledicencia», como los definía Salvador Novo, convergía la vida social, la vida política, la vida intelectual, la vida literaria. El café era la ventana hacia otros mundos. Ahí se perfeccionaba una posibilidad del arte en México a principios del siglo XX: la conversación.

De Altamirano a Gutiérrez Nájera, de Payno a Amado Nervo, La Concordia fue el centro cultural de la vida mexicana. Los habitantes de la República de las Letras fueron, sin excepción, «charlistas de café».

Urbina escribió que, desde el día en que se abrió el primer café en la Ciudad de México, en 1789, la tranquila existencia de la capital se desenvolvió en «cafecitos barateros» de vidrios apagados y taburetes flojos.

La Concordia había introducido, sin embargo, un estilo nuevo: apetitos nuevos. Aquel café con espejos de cuerpo entero, sillas de terciopelo, mozos de corbata y gabinetes cerrados con biombos había significado una transformación profunda de la vida cotidiana: por primera vez en la historia de la ciudad, escribió De Campo, «nuestros abuelos tuvieron a dónde ir después de la queda».

En el último tercio del siglo XIX, el mejor lugar para darse cita fue La Concordia. Los ricos mandaban preparar sus platillos ahí. La hora del tradicional paseo por Plateros terminaba con un helado en sus mesas de mármol. Cuenta De Campo que entre la alta sociedad estaba prohibido pronunciar la palabra «banquete» si este no había sido preparado —sopas italianas, asados

a la inglesa, postres a la francesa y una especialidad: el pastel de ostiones—
por la mano maestra del propietario, el italiano Aldo Omarini.

En 1906, el café había envejecido, los espejos estaban opacos, los mármo-
les se habían vuelto amarillentos, las tapicerías lucían podridas, la clientela
de categoría había emigrado a otros sitios. Pero en cada cosa que poblaba
aquel espacio, cada quien podía encontrar algún recuerdo. Por allí, escribió
Urbina, «habían pasado cuatro o cinco generaciones de picarescas aventuras,
de goces trasnochadores, de idilios efímeros, de amoríos risueños».

Todo era en aquel café como una reliquia: los terciopelos chafados, el
descascarado fresco que representaba la Plaza de San Marcos en Venecia. Y
ahora, todo aquello iba a convertirse en polvo.

Urbina recordó que había lanzado en esas mesas las más estruendosas
carcajadas. Escribió: «Aún deben sonar, por aquí y por allá, en medio de la
soledad y el silencio».

La frase me pudo desde la primera vez que la leí. Imaginé a los dos amigos, Urbina y De Campo, contemplando desde la esquina contraria la demolición inexorable. Sintiendo que cada nuevo golpe de la piqueta se llevaba
«minutos de placer o de amargura».

En el hueco que dejó La Concordia, Genaro Alcorta construyó las oficinas de la compañía de seguros La Mexicana, hoy ocupadas por la tienda
Zara. Una placa escondida al pie del edificio recuerda que en dicho sitio
estuvo el café de Omarini.

Los noctívagos del Centro, los oficinistas trasnochados, apuran el paso al
avanzar la noche.

Yo me quedó ahí buscando a Urbina. Pero la ciudad, tal como quería Octavio Paz, todo lo devora. Nos inventa y nos olvida.

L Mundo Ilustrado

Mayo 6
1906

La portada de *El Mundo Ilustrado* del 6 de mayo de 1906.

«EN ESOS SITIOS 'DE BOATO Y MALEDICENCIA', COMO LOS DEFINÍA SALVADOR NOVO, CONVERGÍA LA VIDA SOCIAL, LA VIDA POLÍTICA, LA VIDA INTELECTUAL, LA VIDA LITERARIA».

CABÍAN ¡HASTA 36 PERSONAS!

LAS MISMAS PERSONAS

NAVAJAZOS DE PLATA EN EL ROSTRO DE LA URBE

Todo se aceleró

1900

LOS PASAJEROS SE SENTABAN UNO FRENTE A OTRO

EL PRIMER SERVICIO DE TRANVÍAS ELÉCTRICOS

ZÓCALO A AZCAPOTZALCO

HACÍA PARADA DONDE FUERA, NO SOLAMENTE EN LAS ESQUINAS

GENERACIÓN DEL METRO, LA BALLENA Y EL DELFÍN

Fantasmas en un tranvía que ya no pasa

Un misterio de la ciudad: esos rieles en los que alguna vez pasó un tranvía; vías inútiles que en una calle cualquiera emergen de pronto del asfalto, y corren algunos metros, y vuelven a desaparecer como si se hundieran en la nada.

Me gustan esas vías inútiles. Son como cicatrices: navajazos de plata en el rostro de la urbe. Cuando me cruzo con ellas, procuro imaginar la cantidad de vidas que alguna vez transportaron: fantasmas en un tranvía que ya no pasa.

El 15 de enero de 1900 se celebró un desayuno en el restaurante Chapultepec. Con ese ágape, el gobierno de Porfirio Díaz inauguraba en la Ciudad de México el primer servicio de tranvías eléctricos. Se trataba de nueve trenes dotados de cortinillas para tapar el sol —el lujo llevado a sus últimas consecuencias—, guiados por conductores que portaban «bonitas cachuchas y limpios uniformes azules con botones dorados».

La gente llamó a aquellos armatostes «los eléctricos». Hacían cuarenta minutos del Zócalo a Azcapotzalco, en una época en la que el tranvía de mulitas solía cubrir la misma ruta en hora y media. La prensa se escandalizaba porque en los nuevos trenes cabían ¡hasta treinta y seis personas!, lo que hacía que el pasajero viajara «bastante oprimido».

En *El nicho iluminado* hay una crónica extraordinaria de Carlos González Peña que relata cómo cada «eléctrico» adoptó su propia personalidad, puesto que la fisonomía de los pasajeros cambiaba según la hora en que se abordara: el «eléctrico» de las seis de la mañana lo tomaban los lecheros, los repartidores de periódicos, los trabajadores modestos «y las muchachitas de medias fruncidas». El de las nueve se atestaba de burócratas que miraban constantemente el reloj, «y a los que las orejas se les ponían rojas solo de pensar en las consecuencias del retardo». El de las once, en cambio, era «aristocrático y de mejor trapío»: lo abordaban damas con zorros en el cuello que iban de compras a los almacenes y magnates que fumaban puro y querían evitarse la molestia de ir al centro en auto propio.

Pertenezco a la generación del metro, la ballena y el delfín. Crecí escuchando los lamentos de mis abuelos y mis padres por la desaparición de los trenes eléctricos. Les dolía que el placer de atravesar la ciudad —rodando suavemente— hubiera cedido al zangoloteo, las urgencias despiadadas del nuevo transporte de masas: «La rapidez, que es virtud, engendra su vicio, que es la prisa».

No imaginé que muchos años antes, con la llegada del «eléctrico», los hombres de otro tiempo se hubieran lamentado del mundo que se iba. Pero así fue. Los armatostes ensamblados en los talleres de Indianilla, que circularon en la Ciudad de México a partir de 1900, acabaron para siempre con un modo de vida asociado al paso del caballo. Al escritor y banquero Ernesto Espinosa Porset, autor de artículos deliciosos sobre el pasado de la urbe, le tocó viajar en los últimos tranvías de mulitas, cuando «México era un encanto» y el diablo no había introducido aún la tracción por electricidad.

En un artículo publicado en 1962 en la revista del Banco de México, Espinosa Porset recuerda que los cocheros, en lugar de los distinguidos uniformes que vendrían luego, llevaban trajes de charro y hacían correr «a chiflidos, picardías y latigazos, a las pobres mulitas, no muy bien alimentadas».

Durante el viaje resonaban los campanazos que el cochero daba en cada esquina para anunciar su paso. Resonaban «los chicotazos a las bestias y los timbrazos del pasajero pidiendo parada». Cuenta Espinosa que cada vez que el tranvía de mulitas se detenía, rezongaban las ruedas y chirriaban los frenos. «En algunos lugares remudaban el tronco de mulas: en el Tívoli del Eliseo, más adelante en Tacuba, por último en los Reyes», relata.

El artículo permite asomarse a una era en la que el transporte público hacía parada donde fuera, no solamente en las esquinas, por lo que era común «que desde el balcón de las casas las señoras le gritaran al cochero: '¡Espéreme, por favor!'... ¡Y el cochero las esperaba!».

Cada día se subían al tranvía las mismas personas. Espinosa hallaba siempre a bordo a Trinidad Sánchez Santos, director del periódico *El País*, y al intendente del Palacio Nacional, Adolfo Bassó, quien moriría defendiendo ese edificio durante la Decena Trágica. Los pasajeros se sentaban uno frente a otro —y no como en los autobuses de nuestros tiempos, uno detrás de otro—, por lo que era fácil que en aquellos trayectos se entablaran animadas charlas entre los viajeros. «Era uno amigo o por lo menos bien conocido de los pasajeros», escribió Espinosa.

De pronto, el gobierno de Porfirio Díaz inauguró los «eléctricos» y treinta personas tuvieron que apretujarse en un vagón. El tiempo de los trayectos se redujo y el tranvía dejó de parar en cualquier parte para hacerlo solo en las esquinas. La rapidez engendró su vicio, que es la prisa, y los pasajeros no pudieron sentarse más uno frente al otro.

«Antes se iba al trabajo, se volvía del trabajo y entretanto la vida alcanzaba para muchas cosas», recordó Espinosa.

Desde el 15 de enero de 1900, todo se aceleró. Los modernos hombres del Porfiriato se apretujaron en los raudos tranvías sin sospechar que ocho décadas más tarde de aquel modo de vida solo quedarían los rieles.

Esos hombres modernos también se fueron. Ellos, mis padres y mis abuelos, solo son fantasmas dentro de un tranvía que ya no pasa.

ERA UN SUJETO EXTRAÑO

LA PRENSA Y SU MANÍA POR EL DETALLE

DESECAR EL LAGO DE TEXCOCO

La conferencia duró una hora

1 9 1 3

¿CUÁL ERA LA CAUSA DE «TAN EXECRABLES DETERMINACIONES»?

«COMO EL RELATO INCOHERENTE DE UN LOCO»

¡DEVUÉLVAME A MIS HIJOS!

LA PRIMA GRITÓ HORRORIZADA

NADIE SE ATREVIÓ A DECIR LA PALABRA EN LA QUE TODOS ESTABAN PENSANDO

El pacto suicida

No faltó uno solo: todos los periódicos dieron la noticia. Algunos, como *El Imparcial*, procuraron correr sobre la tragedia de Íñigo Noriega, uno de los hombres más ricos del país, un manto de discreción y respeto. Pero otros, como *La Nación*, sugirieron sin ambages la naturaleza del pacto que había empujado a los vástagos de Noriega al suicidio. «Una hija y un hijo de don Íñigo Noriega se suicidaron anoche: nuestros lectores bien saben cuál es la causa de tan execrables determinaciones».

La noticia apareció el 1° de febrero de 1913 y causó tal impacto en la pequeña y pudorosa ciudad de entonces que, a lo largo de aquel día, hubo un notable hacinamiento de curiosos en la calle de Academia. «Todo México» buscaba los detalles de lo que *La Nación* había llamado «la tragedia misteriosa y sombría».

En tiempos de don Porfirio, Íñigo Noriega había recibido una concesión para desecar el lago de Texcoco y otra para tender las vías del ferrocarril que iría de México a Puebla. El emporio de este hombre de industria comprendía propiedades inmensas en Tláhuac, el Valle de Chalco e Iztapalapa. Noriega había financiado, como quien le quita un pelo a un gato, la campaña presidencial de Bernardo Reyes a la presidencia de la República. Odiaba, por tanto, a Francisco I. Madero y a la plebe maderista. Era uno de los promotores más señalados del golpe militar que en menos de una semana desataría la Decena Trágica.

El último día de enero, una noche de viernes, Íñigo Noriega fue a visitar a su amante. Al volver a su domicilio halló una escena pavorosa: su hija Eulalia, de diecisiete años, se hallaba tendida en la cama con un tiro en la cara y otro en el pecho. Su hijo Íñigo, de veintisiete, yacía con la cabeza apoyada en las rodillas de su hermana. Tenía en la mano una pistola y tenía también un par de heridas. Las dos eran mortales.

No había en la habitación rastros de forcejeo. Aquello parecía un pacto suicida: Eulalia se había dejado matar y luego Íñigo se había matado.

¿Cuál era la causa de «tan execrables determinaciones»? El inspector general de policía, Emiliano López Figueroa, el mismo al que el cuartelazo contra Madero iba a sorprender mientras se embriagaba en un cabaret, se trasladó al lugar de los hechos en automóvil. En los bolsillos del joven encontró un reloj de oro que se había detenido a las ocho con dos, la hora del crimen, y una libreta llena de frases incoherentes en la que se alcanzaba a leer: «Escríbele tarjeta al inspector de policía diciéndole…».

El joven Noriega era un sujeto extraño. *El Imparcial* afirmaba que había llevado una vida del todo disipada, que le hizo adquirir «una enfermedad bastante peligrosa». Logró sanar, aunque quedó «en un estado melancólico que a veces llegaba al más desesperado estado hipocondriaco».

Por alguna razón de la que nadie quería hablar, su padre había decidido sacarlo del país. Íñigo iba a tomar un tren esa misma madrugada. Tenía las maletas listas en el cuarto. A las siete de la noche, su hermana Eulalia, que intentaba convencerlo de la necesidad de aquel viaje —«Vete a Tierra Santa, vete a Egipto, vete a Roma, para que te distraigas», le escribió—, fue a visitarlo a su habitación. La conferencia duró una hora. Uno de los empleados de la casa escuchó un estruendo seco, «idéntico al que produce la caída de un tablón de madera». Una prima que estaba de visita en la casa, y pensaba salir con Eulalia esa noche, escuchó no uno, sino dos estruendos y, al subir por la escalera para ver lo que ocurría, oyó dos estruendos más.

Al abrir la puerta del cuarto, encontró a Íñigo inmóvil, «con los ojos sin vida». Eulalia aún movía la cabeza y daba pequeños gemidos de dolor. Intentó decir algo, pero no lo consiguió. La prima gritó horrorizada y corrió por los pasillos de la casa.

La noticia tuvo en don Íñigo un efecto demoledor: «¡Devuélvame a mis hijos!», le gritó al médico Agustín Reza. Luego perdió el habla «y parece que perdió también toda noción de la realidad».

El sepelio de los hermanos se llevó a cabo en medio de un tumulto del que formaban parte gente del pueblo y altos personajes de la aristocracia. Los ataúdes negros de Íñigo y Eulalia fueron depositados en un elegante carro fúnebre de la Compañía de Trenes Eléctricos. La prensa y su manía por el detalle: hubo un reportero que reloj en mano afirmó que el cortejo tardó tres horas en salir de la atestada calle de Academia.

Al día siguiente, la servidumbre de la casa halló entre las macetas del corredor una carta firmada por el joven Íñigo. Era «como el relato incoherente de un loco». De aquellas líneas delirantes se logró entresacar que se había dado muerte para evitar un «destierro» que lo obligaba a dejar a su hermana, «a quien tanto quería, sola y sin su amparo».

«La imaginación popular ha encontrado algo muy horrible que ahora enlaza con tintes de leyenda», señaló *El Imparcial*.

Nadie se atrevió a decir la palabra en la que todos estaban pensando.

Seis días más tarde, la madrugada del 9 de febrero, don Íñigo Noriega salió de su residencia y se dirigió a Santiago Tlatelolco, donde se habían dado cita Félix Díaz, Manuel Mondragón y otros militares que iban a sumarse al cuartelazo. Noriega llevaba la cajuela del coche repleta de armas, y llevaba también dos fantasmas ensangrentados: los iba cargando en la espalda.

«EL SEPELIO DE LOS HERMANOS SE LLEVÓ A CABO EN MEDIO DE UN TUMULTO DEL QUE FORMABAN PARTE GENTE DEL PUEBLO Y ALTOS PERSONAJES DE LA ARISTOCRACIA».

VÍCTIMA DE LA ORFANDAD

LAS DISCÍPULAS Y AMIGAS DEL COMPOSITOR JORGE DEL MORAL

Época de Oro

ESTUDIO BROOKLYN

Velasco había creado un estilo

1 9 2 7

LOS MISTERIOS DEL ARTIFICIO FOTOGRÁFICO

CON LUZ NATURAL, CON FONDOS PINTADOS Y UNA COLUMNA DE MADERA

DÍAS FINALES DE LOS AÑOS VEINTE

LE PAGABA UN PESO DIARIO

«LA ABUELITA DEL CINE MEXICANO»

Gabriel Figueroa, el desconocido

Hay un Gabriel Figueroa desconocido, anterior al muchacho de veinticinco años que una tarde de 1932 se hizo presentar con Alex Phillips «para hacerle saber de mi interés por trabajar y aprender cinematografía». Un Figueroa alejado del cinefotógrafo profesional que en la década de los cuarenta del siglo XX consiguió, al lado de Emilio «el Indio» Fernández, las imágenes definitivas de lo que hoy llamamos la Época de Oro del cine mexicano. Un Figueroa aplazado, olvidado, apabullado por el propio peso de su gloria. Un Figueroa primero: el joven que trabajó en un estudio fotográfico de la Avenida Hidalgo y cuya obra se hizo invisible entre las veinte mil tirillas de prueba que conforman su archivo.

En 1927, víctima de la orfandad y los vaivenes de la fortuna, Gabriel Figueroa abandonó sus estudios en el Conservatorio y la Academia de San Carlos, e intentó ganarse la vida como fotógrafo. Sus experimentos iniciales fueron realizados con una camarita Premo 00 de Kodak. Alguien lo contrató en un estudio de la avenida Guerrero, a unos pasos del mercado Martínez de la Torre. Escribe en sus memorias:

> Antes de que llegara a México la iluminación artificial, los estudios de fotografía se ubicaban en azoteas, para aprovechar la luz cenital. Este estudio de la calle Guerrero era así, con luz natural, con fondos pintados y una columna de madera en la que la gente se recargaba para que la fotografiaran.

Figueroa hizo allí una infinidad de retratos ingenuos, en los que los modelos aparecían en posturas consagradas: el señor sentado y la señora de pie. O viceversa.

«No había nada que me ayudara a progresar en mis conocimientos», admitió.

Por lo tanto cambió de estudio y se dedicó a hacer retratos para credencial: cargaba las placas, retrataba a los clientes, revelaba los negativos, los lavaba, los colgaba, los imprimía y luego los cortaba uno a uno en forma de ovalito: cien docenas cada día. El propietario del estudio, Juan de la Peña, le pagaba un peso diario. «No quiero que parezca que estoy haciendo un tango, pero muchas veces llegaba a mi casa y me quedaba dormido enseguida, ni siquiera me desvestía», recordó.

En los días finales de los años veinte, procedente de Chicago, llegó a la Ciudad de México, para montar el estudio Brooklyn, José Guadalupe Velasco. El nombre hay que recordarlo porque aquel fotógrafo trajo a México la iluminación artificial.

En lo que iba a convertirse en uno de los momentos fundamentales de su vida, Figueroa fue contratado para trabajar en aquel estudio. En ese sitio aprendió los misterios del artificio fotográfico. Velasco había creado un estilo: a partir del retoque mejoraba la fotografía de los retratados. «A las señoras les hacía una boca de corazón y les pintaba las pestañas, ganaba el dinero que le daba la gana y tenía a todas las artistas del teatro, a todas la segundas de Soto, a todas las primeras y a todas las tiples; toda la vida lujuriosa de México iba ahí a retratarse», escribió Figueroa.

Como suele ocurrir, solo faltaba que el discípulo superara al maestro. En sociedad con una futura gloria del cine mexicano, el director que a la vuelta de los años espléndidamente llevó a Tin Tan a la fama: Gilberto Martínez Solares, Figueroa montó su propio fotoestudio en un local de la Avenida Hidalgo y comenzó a hacer fotos promocionales de actores, actrices y bailarinas del teatro de revista. Tanto Martínez Solares como Figueroa tenían «duende», recuerda el fotógrafo en sus memorias: muy pronto, el estudio fue visitado por Consuelo Frank, Issa Marcué, las hermanas Anita e Isabel Blanch, así como por una glamorosa y extrañamente delgada Sara García —a años luz de convertirse en «la Abuelita del Cine Mexicano».

Las fotos que les hicieron a estas actrices en Avenida Hidalgo eran tan buenas que *México al día y Filmográfico* las reprodujeron en sus páginas. Esto atrajo a otras divas, y «a toda la vida lujuriosa» de principios de los años treinta —las discípulas y amigas del compositor Jorge del Moral, las artistas de las compañías extranjeras que se presentaban en México—. En ese estudio, Gabriel Figueroa se convirtió en un maestro de la luz, aprendió «el oficio de inventar imágenes», del que habla emocionado en sus memorias.

Vendría el encuentro con Alex Phillips y el rodaje de *La mujer del puerto*, cuya iluminación corrió a su cargo y en el que —afirma el investigador Alfonso Morales— se realizó el milagro de hacer reencarnar a Marlene Dietrich en el cuerpo de Andrea Palma.

Estaban por llegar las imágenes inolvidables de *La perla, Enamorada, Río Escondido*, lo que se quiera.

Quedaban atrás los años de aprendizaje. Los raros años del misterio de la luz.

«EN ESE ESTUDIO, GABRIEL FIGUEROA SE CONVIRTIÓ EN UN MAESTRO DE LA LUZ, APRENDIÓ 'EL OFICIO DE INVENTAR IMÁGENES', DEL QUE HABLA EMOCIONADO EN SUS MEMORIAS».

JULIO VERNE HABRÍA ENLOQUECIDO

La relación de silencio

LERDO DE TEJADA

ESPECIE MARAVILLADA POR LAS NOVEDADES

Te guiaba hasta en los laberintos más intrincados de las ciudades

2 0 0 8

BAJO LA LUZ DE AQUEL FOCO

EL CINE ACABABA DE LLEGAR A MÉXICO

EL ARTE DE CONVERSAR

¡ERA POSIBLE LEER UN PERIÓDICO DE NOCHE!

BIBLIOTECAS MÁS IMPORTANTES

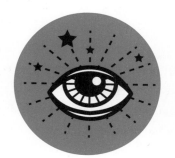

En venganza del iPhone

E l 11 de julio de 2008, el iPhone 3G llegó a México. En los días, los meses, los años que siguieron, no volvió a darse una conversación de corrido. El arte de conversar, que nació del ocio de los nobles franceses en el siglo XVII, y conjugó tantas cosas: la inteligencia, la ligereza, la claridad, la elegancia, terminó de ser aniquilado, después de décadas de embates tecnológicos en los que la imagen se privilegió sobre la palabra, por las tentaciones vertiginosas de una pantalla abierta a todo, y al mismo tiempo a nada.

Julio Verne habría enloquecido con un aparato que era al mismo tiempo teléfono, cinematógrafo y cámara fotográfica; que registraba los sonidos, te guiaba hasta en los laberintos más intrincados de las ciudades y tenía acceso a los libros de las bibliotecas más importantes del mundo; que te dejaba consultar los periódicos del día en todos los idiomas y permitía escuchar la música de todas las épocas y todos los países; que te entregaba, con solo teclear las palabras adecuadas, el conocimiento alcanzado por el hombre.

Pero sobre todo habría enloquecido al ver la relación de silencio, y de ciega dependencia, que los hombres de hoy hemos establecido con las máquinas.

Cuando el iPhone fue una novedad, no faltaba algún chocante que pusiera uno sobre la mesa y comenzara a enumerar los secretos maravillosos que el artefacto guardaba. Cuando el iPhone se convirtió en adicción, ni la enumeración de los maravillosos secretos que posee este artefacto bastó para avivar los rescoldos moribundos de la conversación, el viejo arte extinguido.

La gente se comenzó a reunir con la gente para escribir mensajes dirigidos a otra gente —e intercalar silencios.

Pertenecemos a una especie maravillada por las novedades. José Emilio Pacheco ha escrito que, en el siglo XIX, la naturaleza quedó vencida «y la sustituyeron como medio humano por excelencia una selva y una fauna de objetos manufacturados por la inteligencia de nuestra especie»: un mundo inorgánico, «experimentado como liberación de la necesidad, como utopía tranquilizadora».

He leído que en 1850, todo el mundo hablaba del telegrama: clic, clic, clic, y uno podía enterarse de lo que estaba sucediendo al otro lado del planeta. ¡Al fin los hombres podían comunicarse de un continente a otro!

He leído que en 1873 lo que hechizaba era el ferrocarril. En México, el presidente Lerdo de Tejada acababa de inaugurar la estación de Buenavista, de donde partió el primer tren a Veracruz, y los diarios anunciaron que los días en los que viajar era un martirio habían terminado para siempre. El extraordinario Gutiérrez Nájera descubrió incluso que, gracias al tren, se había vuelto innecesario trasladarse a las ciudades, puesto que ahora las ciudades venían rápidamente hacia uno —que las esperaba sentado en un sillón cómodamente acolchado.

En 1878 —¡ringgg!— solo se hablaba del teléfono. Ese año, un enviado de Graham Bell realizó un enlace «de larga distancia» entre una oficina ubicada en la calle de Bolívar y la gendarmería de Tlalpan, a dieciocho kilómetros de distancia: la primera conversación telefónica sostenida en este país se dio entre el enviado de Bell, Alfred Westrup, y el ingeniero mexicano Cristóbal Ortiz, y duró cerca de una hora. En pocos meses, ochocientas personas se habían suscrito al nuevo servicio.

En 1881 no se hablaba de otra cosa que de la luz eléctrica. El ministro de Fomento de Porfirio Díaz había instalado un foco de arco voltaico en la azotea de su casa —fue el primer experimento con electricidad realizado en México—, y los periodistas que presenciaron la demostración comprobaron, llenos de emoción, que bajo la luz de aquel foco ¡era posible leer un periódico de noche!

En 1895, todos hablaban del automóvil. El *junior* porfiriano Fernando de Teresa acababa de importar uno desde París. La noche en que salió a probarlo en las calles de México creó una verdadera conmoción. ¡Que un carruaje se moviera sin necesidad de ser tirado por caballos era algo digno de ser visto! El mismo secretario de Gobernación, y suegro de don Porfirio, Manuel Romero Rubio, fue a atestiguar aquel prodigio y se convirtió en el primer copiloto en la historia del automovilismo mexicano.

En 1896, el cine acababa de llegar a México y todo mundo hablaba de él. El poeta José Juan Tablada se quejó porque a partir de las tres de la tarde era imposible encontrar un médico, un dentista, una partera, un abogado. La ciudad entera hacía fila frente a las salas de cine, esperando que comenzara «la tanda». El periódico *El Tiempo* consignó el azoro de dos humildes ciudadanos cuando se les explicó en qué consistía el nuevo invento:

> —¡Ah, qué caray! No nos haga tan de altiro, pos ¿cómo quiere que camine lo que está nomás pintado? Menearán el papel.
> —No —decía el otro ranchero—, es que son figuras de movimiento, como las que vimos aquí mesmo en México en un nacimiento.
> —Sí, pero... ¡tan grandotas! Y con más que se menean muy bien, muy bien; hasta parece la mera verdad.

Hoy, la civilización ha tirado al cesto de basura el telegrama; el silbato de la locomotora forma parte del catálogo de sonidos en extinción; a nadie sobresalta ya el timbre del teléfono ni el encendido de un foco. El automóvil terminó por convertirse en una pesadilla —es la venganza de la naturaleza—. Ir al cine, meterse en esas salas uniformadas que parecen de plástico, se ha convertido en uno de los actos más vulgares y aburridos del mundo.

Hacer este recuento me da cierta esperanza.

Tarde o temprano llegará el momento en que el mundo volverá a ser simple, y la gente se mirará otra vez a los ojos, y las maravillas del iPhone pasarán a formar parte de lo que se perdió bajo la lluvia.

FONDO JUAN ANTONIO AZURMENDI

Kodak

ESO QUE LLAMAMOS EL PORFIRIATO

TUVIERON QUE ECHARSE SUS CÁMARAS AL HOMBRO Y SALIR A BUSCAR NUEVAS CLIENTELAS

Habitar una ciudad es ejercerla

1 9 3 0

UN DÍA, SENCILLAMENTE, LOS FOTÓGRAFOS DEL PEATÓN YA NO ESTABAN

QUEDARON CONSIGNADOS LOS MODOS DE SER, DE VESTIR, DE HABITAR LA URBE

SU ZONA DE INFLUENCIA ERA LA VIVA Y VENENOSA CALLE DE SAN JUAN DE LETRÁN

ANIQUILAR LA POSE, MASACRAR SIN AVISO A QUIENES ANDABAN POR LA CALLE

LA PRIMERA CÁMARA PORTÁTIL

Los fotógrafos del peatón

ómo olvidarlos. Su zona de influencia era la viva y venenosa calle de San Juan de Letrán —que hoy carga el pavoroso nombre de Eje Central—. Durante años nutrieron los álbumes familiares con imágenes que enmarcaban un instante de la experiencia urbana. Carlos Monsiváis sostuvo que gracias a los fotógrafos ambulantes se cumplió la democratización de la efigie. Yo les debo el registro de mi primera caminata por la ciudad, cuando tenía un año y nueve meses de edad y avanzaba prendido la mano de mi abuelo —que ese día, por cierto, olvidó afeitarse: supongo que era un sábado.

En un muro del domicilio en que crecí colgaba una foto de mi bisabuela frente al Palacio Postal, otra de mi abuelo a las puertas de Cinelandia y una de mi padre con las manos en los bolsillos y un copete a la Elvis Presley, entregado al acto de curiosear en un aparador.

Todas esas fotos fueron tomadas por los fotógrafos de San Juan de Letrán: los fotógrafos del peatón. La labor de aquellos artistas, maestros de lo espontáneo, consistía en aniquilar la pose, masacrar sin aviso a quienes andaban por la calle. Durante casi cuarenta años, en decenas de miles de fotografías captadas a lo largo de San Juan de Letrán, quedaron consignados los modos de ser, de vestir, de habitar la urbe.

Kodak lanzó al mercado en 1900 la primera cámara portátil: «Apriete el botón, nosotros hacemos lo demás». La American Photo Supply la introdujo en México al año siguiente. La moda de la fotografía instantánea se extendió como una peste. Quienes podían permitírselo adquirieron una cámara —se vendieron miles en poco tiempo— y se dedicaron a apretar el obturador hasta lograr cierta maestría en la reproducción de imágenes domésticas y de la vida cotidiana.

La investigadora Patricia Massé encontró por accidente, un siglo más tarde, en la Fototeca del INAH, un misterioso archivo titulado «Fondo Juan Antonio Azurmendi». Contenía 372 imágenes obtenidas por uno de los pioneros de la cámara portátil en México.

Azurmendi vivió entre 1890 y 1908, en el número 13 de la calle Sadi Carnot, en la colonia San Rafael. Se sabe que fue hijo de una pareja de inmigrantes vascos, dueños de la fábrica textil La Colmena, y que estuvo casado con una dama prominente, Dolores de Teresa, con la que procreó dos hijas.

En 1890 inició la construcción de una mansión de ensueño, en la que, además de jardines, hubo un estanque con acacias. Como ocurrió con tantas familias de aquel tiempo, la suya fue devorada poco después por el vendaval de la Revolución. A partir de 1908 su rastro se desintegró.

Lo único que queda de él es su sombra: la incorporó, tal vez deliberadamente, en una de las fotos que les tomó en el patio de la casa, con su flamante cámara portátil, a sus dos hijas.

Las fotos de Juan Antonio Azurmendi testimonian el proceso de construcción de la casa familiar «y de la vida que allí floreció». La serie muestra a los albañiles y a los empleados domésticos; la placidez de las habitaciones repletas de cortinajes, juegos de té, sillones, alfombras y libros; la amplitud de los jardines sembrados de árboles y coronados de flores. La suntuosidad de la arquitectura que cobijó eso que llamamos el Porfiriato. El discurso conmovedor de un fotógrafo *amateur* que sabía dislocar los instantes.

La euforia de la Kodak, en su versión portátil e instantánea, estuvo a punto de llevar a la quiebra a los estudios fotográficos que desde 1839 funcionaban como ventanilla indispensable en la construcción o destrucción de la autoestima. Para sobrevivir, los fotógrafos tuvieron que echarse sus cámaras al hombro y salir a buscar nuevas clientelas en espacios urbanos consagrados por lo típico: Chapultepec, Santa Anita, Xochimilco, La Villa.

Muchos de ellos recorrían las vecindades preguntando, con el mismo tono de los compradores de ropa usada:

—¿Hay persona que retratar?

La historiadora del arte Mireya Bonilla refiere que, en los años treinta, San Juan de Letrán se había convertido en *un nuevo boulevar*: la avenida que expresaba las aspiraciones de modernidad de la urbe. Se le había ampliado, cambiando de manera radical su fisonomía antigua, su aspecto virreinal y decimonónico. A lo largo de la avenida se habían levantado modernos edificios —comenzando por el primer rascacielos que hubo en la ciudad: el de La Nacional, en la esquina con Avenida Juárez— y se habían dispuesto cines, tiendas de ropa, zapaterías. Efraín Huerta entendería después que San Juan de Letrán se erigió en la calle de los «tristes y vulgarísimos burgueses», de las «chicas de aire, caramelos y *films* americanos», de las «juventudes *ice cream* rellenas de basura».

Los fotógrafos desempleados entendieron que en aquella avenida vibraba el nuevo ritmo de vida urbano, «una estética que celebraba la modernidad, la vanidad, el boato». Vagabundear con el sombrero calado y el cigarrillo en los labios, con la estola al cuello y los brazos enguantados hasta los codos, demorarse con los ojos fijos en los aparadores, se convirtió en una forma de estar en la ciudad.

En esa calle, los fotógrafos del peatón convirtieron la fotografía en un *souvenir* de la experiencia urbana.

Hubo un tiempo en el que en cada casa de México había un cartoncillo grisáceo en el que desfilaban los muertos y en el que la ciudad estaba contenida en una calle. Todos tuvimos una foto en la que, por arte de estos genios del instante, lo ordinario se volvió extraordinario.

Habitar una ciudad es ejercerla, ha escrito José Joaquín Blanco, y durante casi medio siglo los encargados de extender el certificado de dicho ejercicio fueron los fotógrafos del peatón.

No nos dimos cuenta de cuándo se fueron.

Un día, sencillamente, ya no estaban. Como quería Octavio Paz, andamos por galerías de ecos, entre imágenes rotas.

Dos jóvenes son retratadas inesperadamente por un fotógrafo de instantáneas en la siempre agitada avenida de San Juan de Letrán, hoy Eje Central, hacia finales de los años cincuenta.

Héctor de Mauleón y su abuelo caminando en la ciudad.

«DEMORARSE CON LOS OJOS FIJOS EN LOS APARADORES SE CONVIRTIÓ EN UNA FORMA DE ESTAR EN LA CIUDAD».

LA GENTE LOS LLAMABA LOS «EVANGELISTAS»

EL OLVIDADO ARTE DE LA EPÍSTOLA

REDACTABAN LAS DECLARACIONES FISCALES

Narrando sobre las rodillas

1 8 5 5

AMORES MAL CORRESPONDIDOS

TAMBIÉN SÉ ESCRIBIR CARTAS DE DESPEDIDA

LA PLAZA DE LOS MECANÓGRAFOS

POQUÍSIMAS PERSONAS ERAN CAPACES DE CONDENSAR EL MUNDO EN LOS SÍMBOLOS DE UN ALFABETO

FANTASMAS DETENIDOS

El secretario particular del público

En 1676, la Real Aduana abandonó sus antiguas oficinas —en lo que hoy es 5 de Febrero— y se mudó a unas casas grandes y espaciosas que estaban frente a la plaza de Santo Domingo y habían pertenecido al Marqués de Villamayor.

La vida en aquella plazoleta, que hasta entonces solía ser empleada para la ordeña —la gente iba muy temprano a hacerse de baldes de leche espumosa— se transformó de manera radical.

Los comerciantes que traían mercancías a la ciudad debían pagar un impuesto en la Aduana. En poco tiempo, la plaza más importante de la ciudad después del Zócalo se llenó de recuas de mulas, de carretas cargadas de mercaderías, de gente obligada a esperar durante horas a que los lentos trámites fiscales se llevaran a cabo.

Con aquellas mulas y aquellas carretas llegaron a la plaza unos curiosos personajes que hasta entonces prestaban sus servicios frente al Palacio Virreinal. La gente los llamaba los «evangelistas», como a los cuatro apóstoles que por inspiración divina escribieron los Evangelios.

En un tiempo en que poquísimas personas eran capaces de condensar el mundo en los símbolos de un alfabeto, los «evangelistas», sentados en un banco, con las gafas caladas hasta las narices y echando mano de los chismes propios de su oficio —plumas, papel, botellas de tinta que solían guardar en una canasta—, redactaban las declaraciones fiscales, extendían solicitudes, preparaban toda clase de documentos y oficios.

Practicaban también el hoy olvidado arte de la epístola. Luis González Obregón los describe, narrando sobre las rodillas y apoyados en una tabla, los celos, las cuitas, los amores mal correspondidos de sus clientes.

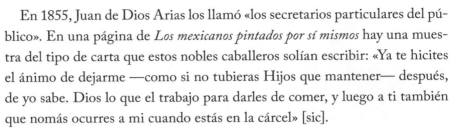

En 1855, Juan de Dios Arias los llamó «los secretarios particulares del público». En una página de *Los mexicanos pintados por sí mismos* hay una muestra del tipo de carta que estos nobles caballeros solían escribir: «Ya te hicites el ánimo de dejarme —como si no tubieras Hijos que mantener— despúes, de yo sabe. Dios lo que el trabajo para darles de comer, y luego a ti también que nomás ocurres a mi cuando estás en la cárcel» [sic].

En una novela corta ambientada a finales del siglo XIX, *El evangelista*, Federico Gamboa narra las transformaciones urbanas, sociales y culturales que los escribanos de Santo Domingo atestiguaron desde la oscuridad de los portales: la desaparición de las carretas que la colmaban y la llegada, por ahí del año 1900, de «un enemigo invencible y sin entrañas»: la máquina de escribir.

Relata Gamboa:

> Primero, fue uno, de avanzada; y menuda gresca la que se ganó el que la llevaba, al desenfundarla y ponerse a recorrer su teclado; porque se trataba de una máquina de escribir, remozada y que sonaba a vidriera rota. Hubo carcajadas, silbos, malas palabras, amontonamiento de mercaderes y compañeros de oficio para contemplar de cerca cómo funcionaba aquel «chisme de hoja de lata».

En la novela, los evangelistas que miran aquel armatoste apuestan a que los marchantes que visitan el portal desde hace siglos no picarán «ese anzuelo». Pero están equivocados. Al poco tiempo llega otra «endiantrada» máquina, y luego otra, y luego tres de un golpe, y al final los «evangelistas» comprenden que, para que no los triture el Progreso, están obligados a volverse «progresistas».

La imagen de los escribanos aporreando sus máquinas Olivetti terminó por convertirse en un clásico del siglo XX. Santo Domingo sería durante los cien años siguientes la plaza de los mecanógrafos —y lentamente, también, la de los impresores de invitaciones de boda y de toda clase de papeles «chuecos».

Asisto a la plaza preguntándome cuántas historias se habrán contado bajo sus portales. Luis González Obregón describió a una mujer «de falda blanca y rebozo colorado de bolita» que en 1810 le narraba a un evangelista su historia de amor mal correspondido. Desde entonces, ¿cuántas vidas, cuántas palabras, cuántas páginas?

Entro en la plaza. Los evangelistas continúan anclados en la sombra. Es como si una época se hubiera encadenado a un rincón de ciudad. Los veo como fantasmas detenidos.

Pero ahora sí se los está llevando el Progreso. La misma marca de las máquinas —Remington, Olivetti, Smith Corona— remite a tiempos idos. «Ya nadie escribe cartas. Algunos días no viene nadie», me dice uno de ellos.

En algún momento, en los portales llegó a haber cien mecanógrafos. Hoy quedan menos de diez. José González es el más antiguo. Comenzó hace medio siglo y desde entonces ha consumido a teclazos unas diez máquinas de escribir. Su fuerte son las cartas de amor.

Le pido que escriba una. Él teclea rabiosamente durante algunos minutos. Lo hace solo con dos dedos. Se escucha el eco de un mundo que ya no existe. Los teclazos, la campanilla de la máquina, el sonido del rodillo; todo parece llegar desde otra dimensión. Cuando González termina la carta, hay un silencio como de pisadas que se pierden.

A esta hora atraviesan la plaza empleados de la SEP, clientes del Salón Madrid o de lo que hoy está en vez del Salón Madrid, señoras con bolsas de mercado, gente que visita la iglesia de Santo Domingo o el Antiguo Palacio de la Inquisición, personas que preguntan precios en las imprentas y jóvenes de brazos tatuados que ofrecen a los transeúntes cualquier cosa: invitaciones, facturas, calendarios, tarjetas de Navidad, recetas médicas, colgantes publicitarios y también títulos profesionales falsos.

La carta va a costarme cuarenta pesos. Pienso en el evangelista de Luis González Obregón, pienso en el evangelista de Juan de Dios Arias. Pienso también en el triste personaje arrasado por el Progreso de la novela de Federico Gamboa. Luego miro a José González.

Recibo mi carta. Dice así:

> Hace años que nos conocemos, usted sabe bien que soy tímido, su personalidad me cautiva, en forma callada ha ido incrementando mis sentimientos de amor. Lo que en principio fue admiración, amistad, ahora se ha trocado en un irrefrenable e inaguantable amor.

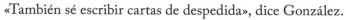

«También sé escribir cartas de despedida», dice González.

Dejo un billete en el escritorio, doblo cuidadosamente la carta. Camino por la calle de Brasil entre el ruido de los coches, la música de las tiendas de ropa, las vociferaciones de una ciudad en la que ya no caben tantas cosas. Siento como si acabara de hallar algo muy antiguo. Lo que llevo en el bolsillo del saco es una tradición de más de cuatrocientos años.

«LA IMAGEN DE
LOS ESCRIBANOS
APORREANDO SUS
MÁQUINAS OLIVETTI
TERMINÓ POR
CONVERTIRSE EN UN
CLÁSICO DEL SIGLO XX».

LA ENTRADA APOTEÓSICA DE MADERO SE HALLABA A LA VUELTA DE LA ESQUINA

El Imparcial

RENUNCIÓ A LA PRESIDENCIA

EL ESTALLIDO DE LA REVOLUCIÓN

El dramaturgo José Escofet triunfaba en el teatro Colón

1910

LA VIDA DIARIA BULLE A TODO VAPOR

LA GENTE ABARROTA LA CASA MIRET PARA COMPRAR «JUGUETES DE NOCHEBUENA»

UNA POLÍTICA DE PAZ

HAY MUJERES QUE BUSCAN TOGAS DE MELUSINA

EL KALODERMÓGENO DEL PROFESOR LOZANO PARA BORRAR EL PAÑO Y LAS PECAS

En tiempos del Kalodermógeno

El Imparcial del 12 de diciembre de 1910 está a un paso de desintegrarse entre mis manos. He recorrido las frágiles planas que lo conforman —ocho—, en busca del reflejo de una ciudad: la que palpitaba tras el estallido de la Revolución. Francisco I. Madero había llamado al pueblo a alzarse en armas tres semanas antes, el domingo 20 de noviembre. Quiero saber cómo vivió la capital del país aquellos días. Encuentro una noticia brumosa que informa que los «revoltosos» que saquearon Santa Isabel, en Chihuahua, pronto serían aplastados por las fuerzas federales del general Juan N. Navarro, apodado «el Tigre de Cerro Prieto»: «El encuentro se verificará probablemente mañana, suponiéndose que los revoltosos sufrirán un golpe decisivo».

Estremece pensar que, seis meses después, Porfirio Díaz renunció a la presidencia. La entrada apoteósica de Madero a la capital del país se hallaba prácticamente a la vuelta de la esquina. Y sin embargo, en prueba de que los políticos nunca cambian, el entonces embajador Francisco León de la Barra —futuro presidente interino de la República— aseguró en Washington que los informes sobre la situación en México «se habían exagerado».

«Reina la tranquilidad en toda la república con excepción de una región del estado de Chihuahua, en donde las tropas persiguen a cuatrocientos revoltosos», declaró. De acuerdo con la versión de De la Barra, el movimiento sedicioso demostraba tres cosas: «la estabilidad del gobierno, la lealtad del Ejército y el apoyo que en general presta el pueblo a una política de paz y de orden».

«El pueblo ha hecho patente su satisfacción por las condiciones actuales», concluyó.

El 12 de diciembre de 1910 también cayó en domingo. A nadie parecía intranquilizar que cuatrocientos revoltosos se hubieran alzado en Chihuahua. El ministro Justo Sierra —de Instrucción Pública— realizaba la tradicional distribución de premios entre los estudiantes más destacados del entonces Distrito Federal —«El teatro Arbeu estaba lleno de premiados, niños y niñas inquietos, nerviosos, atentos para correr apresurados a recibir su galardón»—; Rodolfo Gaona fracasaba en el Toreo de la Condesa porque «los toros no dieron lugar al leonés para desplegar toda la maravillosa gama de su prodigio»; el dramaturgo José Escofet triunfaba en cambio en el teatro Colón con la comedia *Oro de ley*, cuyo final, aplaudía un cronista, «es muy bello», y el señor Enrique Fernández Castelló inscribía un flamante Renault en la «sensacional carrera de autos» que iba a verificarse en las calles de México el día de Navidad.

Si la Revolución es una nube lejana, la vida diaria bulle a todo vapor en *El Imparcial*. El recuento periodístico del día incluye un atropellado en Avenida Juárez, frente a un edificio en el que se rentan «elegantes departamentos, con luz eléctrica y servicio de agua caliente». Un incendio que reduce a cenizas una tienda en San Pedro de los Pinos. Un reporte que informa que el gendarme 513 acaba de prender a dos ladrones que robaron 2 600 pesos en billetes de banco.

Es un domingo cualquiera: la gente abarrota la Casa Miret, en San Francisco 54, para comprar «juguetes de Nochebuena» —aeroplanos y dirigibles «de todos los sistemas», ferrocarriles de cuerda y cajas con soldados de plomo—; atiborra los pasillos de Al Zafiro, en donde una realización navideña ofrece paño a quince pesos y suéteres de estambre a cinco. Visita El Palacio de Hierro para llevarse, a solo 3.75, bellísimas enaguas de lana traídas directamente desde los Pirineos. La gente compra discos Columbia para amenizar las posadas; hay mujeres que buscan togas de Melusina, que en las Fábricas Universales cuestan 10.75, y hombres que llevan en el bolsillo paquetes de cigarros Flores de Arroz.

Siento el latido de esa ciudad en el Kalodermógeno del profesor Lozano para borrar el paño y las pecas; en las Píldoras del Dr. Ayer, contra los desarreglos del hígado; en los Polvos de Rocher, que combaten el estreñimiento y los desarreglos del intestino; en el agua de Liquozone, que acababa en un instante con los gérmenes.

No lo cuenta *El Imparcial* pero, necesariamente, aquel domingo, los poetas de la *Revista Moderna*, qué se yo: Tablada, Balbino Dávalos, Alberto Leduc, Rubén M. Campos, Amado Nervo, debieron brindar en la casa de Tlalpan del ya para entonces muy enfermo Jesús Valenzuela —fundador, con el malogrado Bernardo Couto, de aquella portentosa aventura literaria— o en alguno de los estridentes bares que Ciro B. Ceballos recordó muchos años después en *Panorama mexicano*, y que llevaron los nombres de Salón Weber, Salón Bach, Salón Wondracek o Salón Flamand —en honor del apellido de sus propietarios—. Ya se sabe: nadie ejerció como aquellos poetas la ciudadanía porfiriana: nadie gozó el oropel y el brillo, el falso ensueño parisino que se cobijó bajo el lema «orden y progreso», como aquellos escritores que tan paradójicamente abominaban de su tiempo.

Doy vuelta a la página. *El Imparcial* informará al día siguiente que las tropas de el Tigre de Cerro Prieto abrieron fuego frontal contra los sediciosos.

Dirá que la revuelta ha sido conjurada y que, «derrotados, los enemigos huyeron en confusión completa».

Cierro el tomo. ¿Fue Gutiérrez Nájera el cronista que dijo que en los periódicos lo único confiable es la fecha que traen bajo el cabezal?

MEXICO. 276

El Toreo de la Condesa, que estuvo entre las avenidas Durango, Oaxaca y
Salamanca, en una postal de los años veinte. Este espacio fue inaugurado el 22 de
septiembre de 1907, y cerró sus puertas en mayo de 1946; posteriormente, la estructura
fue desmantelada y reconstruida en Cuatro Caminos, donde permaneció hasta el 2008.
En el lugar original se levantó el Palacio de Hierro de Durango.

ROS

HUESOS DE CARRANZA

EL CENTAURO DEL NORTE

«¡LLÉVESE ESO!»

Ringling Brothers

1 9 2 6

LA SOCIEDAD SECRETA SKULL AND BONES

LOS PRINCIPALES HÉROES DE LA LUCHA ARMADA

LA NOTICIA CIMBRÓ A LA REPÚBLICA

EL GRINGO DETENIDO EL DÍA DE LA PROFANACIÓN

SIERVO DE LA NACIÓN

La cabeza de Pancho Villa

En 1936, un decreto firmado por Lázaro Cárdenas ordenó que el Monumento a la Revolución se convirtiera en recinto funerario y recibiera los restos de los principales héroes de la lucha armada. Los huesos de Carranza llegaron en 1942. Los de Madero en 1960. Los de Calles en 1969. Los del propio Cárdenas en 1970.

El último en sumarse fue Francisco Villa. Su esqueleto decapitado llegó a la Plaza de la República en 1976, medio siglo después de que su tumba fuera violada y a su cadáver le cercenaran la cabeza.

En México hay un serio problema con los huesos de los héroes. Los restos de Cuauhtémoc no aparecieron nunca, aunque a su localización se dedicaron largos años y penosos esfuerzos. Se desconoce el paradero de los huesos de Morelos, por más que desde 1925 se dijo oficialmente que el Siervo de la Nación descansaba en la columna de la Independencia: en realidad, su osamenta desapareció en tiempos de Maximiliano, cuando se le exhumó de la Catedral Metropolitana para exhibirla en una urna —nadie volvió a saber de ella—. Del mismo modo estuvieron perdidos los huesos de Cortés, de los que nadie supo en ciento cincuenta años, hasta que una comisión científica los encontró en 1946 en un rincón del templo de Jesús Nazareno, en la calle República de El Salvador.

Ninguna historia iguala, sin embargo, la de la cabeza perdida de Francisco Villa.

El 6 de febrero de 1926, el velador Juan Amparán, del Panteón Municipal de Hidalgo del Parral, descubrió que la tumba 632 había sido violada. Era la tumba donde tres años antes habían enterrado el cadáver de Villa. La tapa del ataúd estaba rota. Al cuerpo embalsamado le habían cortado la cabeza. Huellas de huaraches y botas militares conducían hacia la barda sur del camposanto. Al día siguiente, la noticia cimbró a la república.

El primer sospechoso del robo fue un tal Emil Homdahl, estadounidense que la tarde anterior anduvo preguntando en Parral por la tumba de Villa. Cuando lo localizaron, Homdahl dijo a las autoridades que había oído hablar de un tesoro enterrado y que eso era todo. Lo dejaron en libertad.

El tiempo tejió toda clase de historias: que la cabeza había sido robada por encargo de una universidad estadounidense que pretendía estudiarla; que un millonario de Nuevo México la había comprado para exhibirla en su sala de trofeos; que se hallaba en manos de los dueños del circo Ringling Brothers y podía ser vista mediante el pago de veinticinco centavos; que el general Arnulfo R. Gómez la había robado para venderla en cincuenta mil pesos a cierto comprador misterioso.

El capitán Elpidio Garcilazo contó años más tarde que un coronel, Francisco Durazo, le había ordenado decapitar el cadáver: «El general Obregón quiere la cabeza de Villa», le dijo —en realidad, lo que Durazo quería era cobrar los cincuenta mil dólares que ofrecía por esta un cartel escrito en inglés—. Garcilazo organizó a un grupo de soldados, entre ellos a un tal Martínez Primero, encargado de seccionar la cabeza con un cuchillo. El coronel Durazo recibió el trofeo envuelto en una camisa vieja y lo guardó debajo de su cama.

Según la versión de Garcilazo, cuando el escándalo alcanzó rango nacional, los involucrados en el hecho se asustaron. Durazo le dijo: «¡Llévese eso!». Garcilazo metió «eso» en una caja de municiones y lo fue a enterrar en las inmediaciones del Cerro del Huérfano.

El coronel Durazo moriría de viejo. Durante los años que le restaron de vida tuvo pesadillas en las que el Centauro del Norte se le aparecía descabezado. Durante todos esos años cambió las versiones del suceso y finalmente prometió revelar la verdad en una carta que sería abierta el día de su muerte. La carta no apareció.

Un testigo relató más tarde que Emil Homdahl, el gringo detenido el día de la profanación, le había mostrado la cabeza durante una borrachera en Ciudad Juárez. Una versión reciente indica que Homdahl vendió el trofeo a la sociedad secreta Skull and Bones, de la Universidad de Yale: una hermandad de niños ricos —de la que formó parte el padre de George Bush—, en cuya colección se encuentra, entre otras cosas, el cráneo del guerrero apache Gerónimo —hace unos años, los descendientes de Gerónimo entablaron una demanda para exigir que la cabeza les fuera devuelta—. Así de delirante es este mundo.

La vida de Francisco Villa fue un enredijo. Su muerte, también. Las preguntas de 1926 siguen vigentes: ¿dónde está la cabeza?, ¿quién la robó?, ¿para qué demonios quería tenerla?

El día que el secretario de la Defensa Félix Galván López acudió a Parral por los restos de Villa, para trasladarlos al Monumento a la Revolución, «el féretro estaba totalmente destruido» y solo quedaban «algunos fragmentos de madera podrida». De acuerdo con la nota del reportero de *El Sol de México*, «se veían algunos huesos también bastante deteriorados», los cuales fueron extraídos con un recogedor.

Desde hacía cuarenta años corría en Parral la leyenda de que, a fin de evitar una nueva profanación, los verdaderos restos del Centauro habían sido cambiados de lugar por una de sus viudas, y que lo que se hallaba en la tumba 632 no eran más que los restos de una desconocida que iba a El Paso a tratarse el cáncer y no alcanzó a llegar.

En Parral, mucha gente cree que son esos restos los que descansan en el imponente mausoleo que Cárdenas dedicó a la Revolución.

ESE TIEMPO SE HA EXTINGUIDO

Boing

CHAMOIS

RECIBÍA APODOS CRUELES Y ATENCIONES ESPECIALES

Deambulan por los patios escolares

1 9 7 5

LAS «COLADERITAS», EL «CINTURÓN ESCONDIDO», EL «BOTE PATEADO» Y LAS «FLETADAS»

TERRENOS BALDÍOS

«LA EPIDEMIA DEL SIGLO XXI»

AHÍ ESTABA LA URBE

LAS TORTAS DE NATA CON AZÚCAR

Fiera infancia

No van a creerlo, pero hubo un tiempo en el que los niños gordos eran un acontecimiento. El nuestro se llamaba Flavio. Recibía apodos crueles y atenciones especiales que incluían el hecho de ayudarlo a trepar las bardas de la escuela cuando clandestinamente entrábamos, los fines de semana, a jugar futbol —en una región secreta de mi mente, el cronista Ángel Fernández narraba aquellos partidos.

Las autoridades sanitarias anuncian que ese tiempo se ha extinguido. México ocupa el primer lugar del mundo en obesidad infantil. Deambulan por los patios escolares más de cinco millones de niños obesos. No sé hasta qué punto esto se deba a la ingesta de harinas blancas. De lo que no me queda duda es de que la epidemia empezó cuando los niños perdieron la calle. Cuando en lugar de árboles, banquetas, terrenos baldíos, llanos y camellones llegaron Playstation, la laptop, el iPhone, una ciudad que queda demasiado grande —y la inseguridad, la inseguridad, el ominoso signo de los nuevos tiempos.

Luis G. Urbina aclaró que las ciudades modifican sus cuadros de costumbres cada cierto tiempo. Si esos cambios se pudieran conservar en algún álbum de fotos, veríamos a los niños del siglo XIX entre los naranjos, entregados a los veloces juegos que Antonio García Cubas reseña en *El libro de mis recuerdos*. En la fotografía de hoy, aparecerían niños encerrados en habitaciones, muriendo lentamente frente al videojuego que les habla.

Antes de que la Organización Mundial de la Salud declarara la obesidad «la epidemia del siglo XXI», ya existían los bombazos calóricos que los Sugus, los Cazares y el Boing en *tetrapack* asestaban al público infantil.

Había «cooperativas» escolares rebosantes de chupirules, seltz-sodas, chamois, mazapanes, mamuts y sevillanas. Todavía llegaban a verse las tortas de nata con azúcar; y los chicharrones con salsa Tamazula que, desde un carromato de madera, alguien expendía a la salida del colegio, resultaban toda una sensación. Pero el cuerpo era capaz de procesar tales cantidades de basura porque ahí estaba la urbe. Un mundo que se conquistaba hasta que la noche hacía invisible el balón de futbol. Un mundo en el que cabían los patines, las bicicletas, las Avalanchas, el *tochito*, el escalamiento de árboles, las mil maneras de partirte la cara y regresar a la casa con los zapatos raspados y un agujero en las rodilleras de tus Topeka nuevos.

En lugar de fomar la Unión Tepito y otras bandas criminales, nos agrupábamos por «cuadras» para jugar retadoras y «mundialitos». Amado Nervo contra Sor Juana; Lauro Aguirre contra Díaz Mirón…

En Amado —así le decíamos— se practicaban también las «coladeritas», el «cinturón escondido», el «bote pateado» y las «fletadas». No habían aparecido los monstruos de la urbe. Tampoco los tres millones de autos. Los atropellamientos eran raros —aunque aún había, como en *Matar a un ruiseñor*, perros con rabia.

Era la fiera infancia y no había nada más hondo, más plácido, más atemperado.

Qué raro mundo aquel. Las tragedias mayores se contaban en balones ponchados por los autos. No existía peor tragedia que la llegada de la lluvia, odiábamos la lluvia porque te obligaba a volver al yugo vigilante de los padres.

La calle nos hizo indestructibles. Al terminar los partidos bebíamos agua de la llave.

Luego ocurrió el fracaso del país. Esa suma de gobiernos corruptos o ineptos que le robó a los niños los poderes de la infancia, y los puso a cebar frente a un videojuego como una piara de cerdos en engorda.

Un grupo de jóvenes promueven el deporte y la actividad
física para una conocida marca de refresco frente al Palacio
de Bellas Artes, a mediados de los años treinta.